グレート
カンパニー
に学ぶ

このビジネスモデルがすごい！2

［著］船井総合研究所

あさ出版

はじめに

私たち船井総研グループは、中核事業会社である船井総合研究所がその前身の日本マーケティングセンターとして創業した1970年3月以来50年以上にわたり、大企業から中堅、中小企業まで数多くの企業に経営コンサルティング・サービスを提供してきました。現在では製造業から小売業、サービス業、そして行政や海外企業まで、さまざまな企業とのお付き合いがあります。

2019年に『このビジネスモデルがすごい！』（あさ出版）を出版し、「グレートカンパニー」と呼ばれる8つの企業をご紹介すると同時に、船井総合研究所が大切にしている経営に関する考えをお伝えいたしました。

それから4年が経過した現在、「グレートカンパニー」の称号を得た企業の数は増加し、80社を数えるまでになりました。同時に、企業経営を取り巻く状況も大きく変化しています。2020年より始まったコロナ禍やロシアのウクライナ侵攻、それに伴う諸物価高騰など、もはや「平時」とは言えない状態が、昨今の経営環境です。

そのような時代に、日本の中堅・中小企業の経営者がどのような経営を目指すべきか、そして、時代や会社を取り巻く環境の変化に負けず、元気な経営を推進している企業には、どのような特徴と戦略、ビジネスモデルがあるのか、それを改めてお伝えしたく、今回もグレートカンパニーアワードの歴代受賞企業の中から新たに7社を選び、『このビジネスモデルがすごい！ 2』として本書を出版することといたしました。

予測不能レベルの激変の時代においても力強く持続的な成長を続けるこれらの企業を紹介、解説していますので、皆様の企業経営にお役立てください。

本書の出版にあたり、さまざまな情報の開示、資料のご提供にご協力いただいた紹介企業の経営者と従業員の皆様、そして、本書の出版を強く推進していただいた、あさ出版の皆様のお力添えに、感謝の言葉を贈ります。本当にありがとうございました。

2023年8月吉日

著者を代表し新しい令和の時代の経営の道を切り開く覚悟を胸に

株式会社船井総研ホールディングス

シニアパートナー・エバンジェリスト　岡　聡

このビジネスモデルがすごい！2　目次

Chapter 02

Chapter 03

Chapter 06
「大きな市場で地域一番店戦略」を4つの柱と人材力で実現
――物語コーポレーション

Chapter 07

本書の構成

本書は特徴的なビジネスモデルを作り上げた7つの企業（医療法人含む）のケースの解説を通して、どのような経営への取り組み方をすれば、強く、そして善い会社が創れるのかを考えていただけるつくりとなっています。本書に登場する7つの企業は、いずれも船井総合研究所主催の「グレートカンパニーアワード」の大賞および各賞受賞企業です。

プロローグでは、船井総合研究所の特徴、経営コンサルティング企業として大切にしていること、目指しているものと、「グレートカンパニー」の定義についてご紹介しています。

各Ｃｈａｐｔｅｒの企業紹介では、**読者が頭の整理がつきやすいように次と同形式の記述としています。**

【企業の立ち位置の理解】

・業界の姿〜さまざまな業界が現在置かれている環境と固有の特徴
・業界の課題〜業界が構造的に持つ課題
・理念・ビジョン〜企業経営の根幹、戦略構築のスタート地点
・ビジネスモデル〜その概観、優位性作りのポイント
・歩んできた道〜試行錯誤における決断ポイント

【ビジネスモデルの構造と収益性向上の視点】

・収益性〜高付加価値を勝ち取るポイント
・持続的成長性〜市場や競争環境の変化に柔軟に対応しつつ、優位性を常に維持し続けるための仕組み作り

【経営の品質全般を高める視点】

・顧客満足度〜経営の品質を高めるための外部評価状況
・組織力〜全社員の共感性を高め、能力を発揮できる環境作り
・社会性〜自社のためだけでなく、世のため人のための活動が実施できているか

各Ｃｈａｐｔｅｒの最後には、業界動向、各企業の実情を理解している専門コンサルタントがどう見ているのか、ひと言まとめ（この企業から学ぶこと）をつけています。

本書全体のまとめとして、昨今の大きな経営環境の変化の筆頭であるコロナ禍を中心に、グレートカンパニーが変化にどう対応したか、そして、ピンチをチャンスに変えて成長した会社に共通するものについて、すべての日本の企業経営者の方にお役立ていただくためのポイントをわかりやすくお伝えします。

プロローグ

50年以上の経営コンサルティングで辿り着いた「すべての企業が目指すべき姿」

株式会社船井総合研究所が創業以来、経営コンサルティングの提供先に伝えている大事な考えが、「圧倒的一番企業になる」である。ビジネスモデルを磨き上げ、独自の存在となり、大手企業の戦略とは一味違った参入障壁の高い戦略構築、大手から戦いを挑まれても包み込まれず突破できる力を持つ、そして自分たちだけでなく、社員やその家族、地域、取引先などすべてのステークホルダーを大切にする、善き日本型経営のあるべき姿を突き詰めた企業が、弊社が提唱する「グレートカンパニー」と言えよう。

ビジネスに自信を持ち大きくしよう、企業を成長させよう

船井総合研究所は創業以来、約50年にわたって、中小企業の経営コンサルティングに取り組んできました。行政の仕事、大手企業の仕事、海外企業の仕事にも携わってきましたが、メインは日本企業の99％を占めている中小企業の経営支援で、現在、約5500の企業とのお付き合いがあります。

船井総合研究所は中小企業におけるさまざまな問題解決をお手伝いしていますが、創業直後の高度経済成長の時代は、先発企業、大手企業の攻勢をかわしながら、よりスピーディに企業成長を実現するための戦略提案、競合対策が中心でした。

弊社創業者の船井幸雄は経営者、お客様に対して、**経営者はより人間性を高めつつ組織を成長させ、お客様に喜んでいただく努力を続けなければならない**と説きました。

そして、世のため、人のためになる経営を目指すことが大切であり、それを実行するためには、経営者も、従業員も「素直、プラス発想、勉強好き」となり、さらに人間性を高めていくことが重要であると繰り返し話しました。

さらに、お客様だけではなく従業員にも「大きくなろう、幸せになろう、力をつけて成功しよう」と言い続けました。その哲学と思想は、船井総研グループ社員のみならず、世界中に多くのファンを生み出すこととなりました。

成長志向の中小企業経営者が忘れてはいけないのが、競合企業や大手企業に容易に模倣されないようにすることです。

船井総合研究所がお伝えしている「船井流経営法」の重要キーワードに「包み込み」という考え方があります。これは戦いにおいて、相手の持っている武器をすべて同じだけ持ち、さらに相手が持ち得ていない武器をこちらが持てば、基本的には負けないということです。

ランチェスター戦略をベースにしたこの考えを、船井総合研究所では、さまざまな経営改善に取り入れ、大いなる成果を収めてきました。これを中小企業側から考えれば、いかに競合や大手に包み込まれないか、つまり、差別化ポイントをどう持つかが重要になるということです。

船井総合研究所の三代目社長となった小山政彦は、中小企業がその考え方を数学的に整理し、限られた経営資源をどのように商品の品揃え、価格帯、在庫に投入すべきかという理論を確立しました。

この理論は「船井流数理マーケティング」として、現在も経営コンサルタントの大きな武器となっており、船井総合研究所のコンサルティングの特徴となっています。

船井流数理マーケティングを利用して属性別にマーケットの規模を俯瞰(ふかん)し、限られた市場においてもダントツに高いシェアを取って自社の独自性を際立たせるという手法が、多くの経営コンサルタントによって開発されました。

市場を俯瞰し、その市場の成長性や規模、競合の状況を理解することによって、未来志向を大切にしながら徐々に力をつけ、土俵の真ん中を押さえて圧倒的な一番企業になっていくというシナリオを描いていくことができます。

一般的な差別化は、目先や見え方を多少ずらして相手の攻撃を避ける、売り上げをとりあえず作るというレベルで戦略・戦術が組まれることも多いのですが、市場＝お客様を大きく理解しないと、最初は好調でもすぐに模倣されたり、市場の成長が止まったりして苦戦することになります。

しかし、船井総合研究所ではマクロな発想とミクロな打ち手を連動させていくため、消費者・ユーザーに高頻度、高密着で、競合より早い打ち手を繰り出し、高いシェア＝評価を獲得していきます。

こうした手法は、多くの中小企業経営者のヒントになりました。例えばそれは、英語教育も行う保育所や、離婚専門の弁護士事務所、プリンやバウムクーヘンといったスイーツをひとつだけ売る専門店など、市場性をよりシビアに見つめた人気企業を多く輩出することになりました。それはデジタルが叫ばれる現在においても、多くの成功事例を生み出しています。

経営者のネットワークのハブのような存在を目指し、企業間連携も促進している

船井総合研究所の経営コンサルタント約750人は、日々、日本全国を飛び回っています。そのような現場重視の仕事スタイルは、成長ビジネスの種をリアルに現場でいち早く発見していくことを可能にしてくれました。観光地で行列を作っている「単品スイーツ専門店」や住宅事業の「平屋住宅ビジネス」「インドアゴルフ練習場立ち上げビジネス」などは、その種を現場から見つけた代表例です。

船井総合研究所が発見したり、種を組み合わせて発明した旬の〝ビジネスモデル〟は実証実験を繰り返し、より精度が高く再現性が高いモデルとして広げ、全国の経営者にご提案しています。**開発・運営・システム化、教育教材まで整備され、より汎用的に利用できるようにしているため、成功確率も高いものとなるわけです。**

特定のエリアでユニークなビジネスが行われていても、それを全国展開するのは簡単なことではありません。しかし、上手に他地域で通用するローカライズのためのルールを開発しているため、異なるエリアでも実現可能になります。

このように高い成長と収益が獲得できる有望ビジネスモデルを生み出す手順や手法を弊社は２０００年代頃に確立し、現在も常に旬のビジネスモデルの提案を行っているのです。

競争が激しい昨今のマーケット環境では、中小企業がゼロから有望なビジネスモデルを開発するのはとても難しい状況です。一般小売店の伸びとフランチャイズ店のそれを比較すれば容易に想像がつきます。

船井総合研究所では、ビジネス、そしてビジネスモデルを常にブラッシュアップしていくことが重要だと考えています。

そのための仕掛けが「業種別の経営研究会」です。この中には、いくつものビジネスモデル研究会があり、そのビジネスモデルに惚れ込んだ複数企業が新しいアイデアを出し合うこと、成功事例を共有すること、そして企業経営に関して経営研究会を通じて師と友を見つけ、励ましあって経営に取り組む環境を作り上げています。

つまり、フランチャイズビジネス型のビジネスモデル開発とはまた違った、船井総合研究所独自のゆるやかなビジネスモデル連合の実践型経営研究会なのです。

素晴らしいビジネスモデルがベースであっても経営研究会員全員で力を合わせてさらに磨き上げ、次の時代の本流となるビジネスに仕上げていく。みんなで工夫をして、これからの日本に必要な業態に昇華させて展開していく。それを数十社から数百社の未来志向の仲間と進めていくわけです。

時代の本流のビジネスを作っていこうと、船井総合研究所の経営コンサルタントたちは、実際に現場に入り込んで業務を進めていくこともあります。自動車関係なら、作業服を着て、整備工場の実務を覚えるまで何カ月も従業員と一緒に働くこともめずらしいことではありません。

そのような現場体験の中から経営者の悩みと中小企業経営の現場の難しさも理解し

て、頭でっかちで実行不可能な提案は避けるようにしています。

また、弁護士、司法書士のような士業の世界では、代表である経営者が資格取得者であり、法律の勉強などはしっかりしていても、事務所経営の勉強をすることなく、ビジネスの世界に飛び込むことになります。

しかし人口も企業数も減る中、士業の先輩方ががっちり顧問先をガードしているために、せっかく難関資格を取りながらも思うようにビジネス展開ができない、収益が得られていないケースも多く見られます。

弊社は、まず事務所のホームページの作り方、看板のあり方、士業の先生方の強みをより生かすことができる専門領域の打ち出し方、生活者から見てより魅力的な事務所名のつけ方、集客から顧客対応のあり方まで、先生方が未経験の分野をマーケティング視点でサポートしていきます。

この流れは士業だけでなく、職人集団の町工場、農業・漁業従事者の事業、道の駅やファーマーズマーケットなどでも同じです。これが約50年にわたる中小企業経営者のサポート実績、さらに業種別の専門コンサルティング体制を取る船井総合研究所のコンサルティングの特徴なのです。

どうすれば地域の会社を盛り上げていくことができるか

船井総合研究所と取引されている中小企業がこれほどの数になっているのは、もちろん約50年の歴史によるものでもあります。しかし、船井総合研究所が商売上手で、儲けることをお手伝いするのがとても上手であるということを多くの中小企業経営者の方に認知していただいていること、そして、**都心の企業だけでなく、日本全国どの地域の会社でも大切にしていることも、弊社が事業を拡大し続けている理由と言えましょう**。

弊社創業者の船井幸雄は、人を大事にすることを強く意識していました。人間が好きでした。だから、**「経営者が魂を失ってはいけない。本当に良いこと、正しいことをしない経営はいずれ駄目になる。世のため、人のためになる仕事をしよう」**と言い続けていました。

経済が成熟すれば競争も激しくなりますが、競争が目的となることはあってはいけないというのが、晩年の基本的な考え方でした。**競争するときには競争するが、どちらかといえば、ないほうがいい。攻められたら、つぶされないよう、戦えるだけの力をつけよう**ということです。

衰退が心配される地方経済においても、淘汰の時代とはいえ地域に根ざした会社がなくなっていいわけがないと弊社は考えています。地域の会社を大切にするという思いは、創業以来のものだからです。むしろ、どうすれば地域の会社を盛り上げていくことができるか、大きくすることができるのかを今も発想しています。

例えば、リフォーム業界においては、大手企業の下請けである地方の工事業、塗装業、左官業、外構工事店、町のリフォーム店には１９９０年代から以下のような提案をしていました。

「下請けはやめて、自分たちの屋号で責任ある提案ができるリフォーム店を作りましょう。まずは『笑顔で頑張ります』と、顔写真や似顔絵付き、店長の名前入りのチラシを作ってみませんか？」

最初は、店がなくても構いません。それよりも、社長や奥さん、スタッフの顔写真があるだけで、反応がまるで変わります。特に顔なじみの人の似顔絵は効果てきめんで、集客力抜群でした。自分の力でお客様を見つけ、信頼を勝ち取り、どんどん事業を拡大させ、下請け企業から上場したリフォーム会社が現時点で10社以上あります。

下請けでいる限り、元請けに中間流通で抜かれてしまうことは避けられません。もっとフロントに立てばいいのですが、その取り組みを行う勇気がない、やり方がわからない企業は少なくありません。ですが、経営研究会に入会することで、仲間の企業から勇気と支援をもらって成功する会社が次々に生まれたのです。

船井総合研究所の特徴のひとつは、消費者、エンドユーザーに近い視点で考えるのが得意なことです。今後は製造業においてもこの視点を活かし、日本のモノをもっと広く国内に、また世界に売っていこうと考えています。

新しい仕事が日本全国、それこそ世界から飛び込んでくるような仕掛けを作ったり、自分たちの技術などを説明する冊子や「ソリューションサイト」と呼ばれるＷｅｂサイトの制作をサポートしたりしています。技術には自信があるのですから、良い製品をわかりやすく世界にアピールできれば、事業は拡大していくわけです。

特にコロナ禍で顧客獲得・商談の主戦場である展示会自体が中止になったり、リアルの訪問型営業活動が行えなくなった企業の状況を打開するため、船井総合研究所では世界的に評価が高いＳａａＳを持つＺｏｈｏのシステムを中心にマーケティングオートメーション、ＣＲＭ（顧客関係管理）の仕組みを提案し、多くの企業で営業ＤＸを推進しました。

技術や製品について問い合わせをしてくれた方の購買意欲が把握できるマーケティングオートメーションや、ＣＲＭソフトの活用で、お客様のニーズの把握、営業プロセスの可視化、見積書作成の自動化などが可能となりました。

それにより電話で注文を取ったり、わざわざ出張に行くことも大幅に減少したのです。**コロナ禍にひるむことなく、経営改革の絶好のタイミングと捉え、行動した企業は競合が停滞する中、大きく事業を成長させることができました。**

ものづくり企業の本質は、ものづくりです。そこに集中するためにも、集客や営業を自動化し、自分たちの技術を認めてもらうところを選び、付き合っていく。環境を作り上げ、下請けのみならず、直取引で世界の企業と付き合えるような取り組みを実現する提案を積極的にさせていただいているわけです。

船井総合研究所の考える「差別化」とは、意思を持って、わざとそこに飛び込んでいくこと、そして、その差別化をさらに磨き込み、独自性を際立たせることを狙うこ

となのです。

「グレートカンパニー」とは何か

船井総合研究所は創業初期から「一番主義」というキーワードを打ち出していました。しかし、一番になった会社が必ずしも優れているとは考えていません。実際に、一番になっても変化に対応できず、そのポジションを長く継続することができない会社もありました。

より競争が激しくなると同時に、社会も成熟化してきたからです。

そこで、船井総合研究所では厳しい環境下でも継続的に成長を続けている企業を調査し、「グレートカンパニー」の概念・定義を新たに作りました。２０１０年のことです。その定義に見合った事業展開をしている企業を、毎年表彰することを始めたのです。

グレートカンパニーに必要な条件は、以下の５つです。

1. 持続的成長企業であること
2. 熱狂的ファンを持つ、ロイヤルティの高い企業であること
3. 社員とその家族が誇れる、社員満足の高い企業であること
4. 自社らしさを大切にしていると思われる、個性的な企業であること
5. 地域や社会からなくてはならないと思われている、社会的貢献企業であること

一番企業の先にあるグレートカンパニーを表彰しているのは、それらの企業を今後の企業経営のモデルとして広く紹介し、グレートカンパニーから学べるポイントをわかりやすく解説し、その考え方を経営の参考にしていただきたいと考えているからです。そして、皆様の会社にもグレートカンパニーを目指していただきたいのです。

船井総合研究所は、一般的なコンサルティング会社とは違う特徴を有しています。企業に対して特定課題の解決法を提示したり、経営戦略策定などに取り組むだけでなく、提案を落とし込み、実行に移す段階まで責任をもって企業に伴走します。業種の専門知識を持つ経営コンサルタントが、毎月、担当企業を訪問し、企業のレベルや体質、変化の状況に合わせて、課題解決に向けてタイムリーな提案を続けます。

例えば、住宅不動産会社なら、専門部隊の組織内には、住宅不動産業界の採用に特化したコンサルタント、業界特性に合わせたWeb集客コンサルタント、営業担当者教育に特化したコンサルタントなどが配置されています。業界ごとに成熟度も違い、エリア特性もありますので専門のコンサルタントがより細かな課題解決を行い、不安や疑問の解消を図る体制を構築しているわけです。

これらの専門性を持つコンサルタントが、担当業界で顕著な成長を実現した優秀企業のうち、業界内で目標とされ、尊敬されている企業を、毎年グレートカンパニーにノミネートしています。

船井総合研究所はより長期的な視点で、グレートカンパニーを目指す企業を支援していきたいとも考えています。

どんな会社にも強みはあり、その強みはどこまでも伸ばしていくことができます。経営者と社員が自社の強みにより自信を持ち、誇りを持てるように長期にわたって経営支援を行っている会社が多く存在するのです。

長い企業は、30年、40年といった長期の経営支援が続いています。そのことが、船井総合研究所がコンサルティング業界で最も評価いただけるところだと考えています。

流行りの経営理論などではなく、マーケットの現場を実地でずっと見てきた経営コンサルタントが、「この会社の強みはすごいじゃないか」と見出したポイントを経営者や社員、お客様、取引先まで広くアピールして独自の武器に育てていく。それを船井総合研究所では「船井流経営法」として社員全員に教育し続けてきました。

より物事の本質を突く考え方と具体的なマーケティング手法は、創業者の時代に始まりましたが、現在も日々ブラッシュアップを繰り返してコンサルタントに引き継がれているのです。

また、船井総合研究所では、創業時より「世のため、人のためになる」仕事がより大事であると考えてきました。弊社の経営コンサルタントはまず業績を伸ばすことを考えますが、善い会社を創りたい、増やしたいというマインドが強いことも、大きな特色です。

善い会社は人財を産み出し、地域に大きな影響を与え、周囲の企業の目標になっていきます。グレートカンパニーの定義にもありますように、地域になくてはならない企業を創る。そのような会社を残すことは、地方創生、世界に誇れる日本型経営の優れた点にもなっていくでしょう。

人口減少や地方経済の衰退の問題が大きくなる時代ですので、我々は**東京、大阪、名古屋というような大都市圏のみならず日本全国隅々の企業に、グレートカンパニー創りを目標としていただきたい**のです。

本書では、7つの企業を紹介していきます。どの企業にもその企業しか持ち得ていない大きな特徴、強み、ビジネスモデルが存在していることがおわかりいただけることでしょう。ぜひ、これらの企業の考え方を学んでいただき、経営の参考にしていただきたいと思います。

超地域密着

グレートカンパニー
アワード2022
**グレートカンパニー
大賞**

――シアーズホームグループHD

本社ビル内にあるカフェテリア。人が集まりやすい形で部署を超えたコミュニケーションを取りやすくして、工程が複数部門にわたる顧客の家作りをサポート

成熟産業のハウスメーカー業界で、地域顧客のニーズに幅広く対応。新卒社員を徹底的に教育して早期に戦力化し、一人あたりの受注棟数を同業他社対比最大1.5倍に。10年で売上高5.3倍の成長、200億円達成。創業の地、本社のある熊本から県外にも進出。成長の根本にあるのは「徹底の徹底の徹底」。その行動方針に基づき、年間売上高1,000億円を目指す。

事業の多角化、

秀逸なポイント

地域の中で圧倒的な一番企業になりながらもさらなる成長を続け、社員に利益を還元し、地域に貢献する取り組みを続ける

□超地域密着で紹介・口コミ経由の受注が50％

→ 「松竹梅戦略」で地域の「家を売る」マーケットを広範囲にカバー

→ 年商の1〜2％を地域のスポーツチームや文化団体などの支援に使い、ブランディング

□「暗黙知」を「形式知」にしてすべてを数値で語り、「やり切ること」をルール化

→ 研究や教育の仕組み化で、若い営業担当者を早期に戦力化「売れない期間をなくす」

→ 「徹底の徹底の徹底」決めたことをやり切る、成果にする

□２ケタ成長を続け、社員に利益を還元する

→ 熊本での圧倒的一番化後、他県へ進出

→ 「社員の給与を年５％上げる」を指標に、必要な売上を考える

企業プロフィール　株式会社シアーズホームグループHD

業務内容：注文住宅・規格住宅・分譲住宅販売他
所在地：熊本県熊本市南区馬渡
創業：1989年
代表者：丸本 文紀
資本金：１億円
従業員数：581名（グループ全体）〈2022年8月〉

業界の姿①住宅産業——成熟衰退業界で、この10年で売上高が5・3倍に

住宅産業は、典型的な成熟産業である。マイケル・ポーターは「成熟衰退業界」と表現した。実際、ハウスメーカー全体の成長は「微増微減」が長く続いている。

一般戸建て住宅事業は極めて厳しく、大手ハウスメーカーが対象とする高価格帯の住宅は競争が激化している。コスト構造から低価格帯の住宅事業の展開が難しい中、流通倉庫やマンション事業などで多角化を推し進めていることは、よく知られるところである。一方、大手が手がけない低価格帯の住宅で業績を伸ばした会社もある。

そんな中、押し寄せたのが、コロナ禍だった。住宅販売の最前線となる住宅展示場への来場が感染拡大で難しくなり、新規の顧客の獲得に大きな影響が出た。集客が激減し、売り上げを落とす会社の中には、赤字に転落したケースもあった。

さらに追い打ちをかけたのが、ウッドショックだった。コロナ禍の影響でアメリカが金利を引き上げ、インフレになったことが円安をもたらし、これが輸入資材の価格を直撃。輸入木材をはじめとした資材や設備などが軒並み値上げとなった。資材に

よっては、3割も価格が上がったものもある。

こうした状況から、産業の成長はさらに鈍化。20年、21年には厳しい業績となる会社が続出した。

まさに業界全体に暗雲が立ちこめたこの10年だったが、驚くほどの成長を遂げた会社が九州にある。熊本県を中心に、福岡県・佐賀県・鹿児島県で完全注文住宅から企画型の省コスト・コンパクトハウスまで販売しているシアーズホームグループだ。設立は、89年。

コロナ禍の状況の中でも、20%前後の成長を実現。しかも、売上高経常利益率は8・3%と、建設業の業界平均3・66%を大きく上回っている。

22年度は、ウッドショックの影響などにより、それまでに比べるとスピードは低下したものの、二桁成長が続いた。21年度までの10年では、売上高は5・3倍、経常利益は7・1倍になっている。

年商は約230億円。これまでに積み重ねた施工実績は8500棟以上。19～21年度の「九州地場資本住宅メーカーにおける九州ビルダー着工棟数ランキング」で1位を獲得している。

業界の姿② 労働集約産業——離職率が高い中、教育を仕組み化

住宅産業は典型的な労働集約産業である。売るのも、建てるのも人。人材をいかにうまく獲得し、育成し、戦力化していくかが、事業展開の大きなカギを握っている。ところが、とりわけ営業については、受注の難しさやインセンティブ報酬の仕組みなども相まって、離職率が高止まりする問題を多くの会社が抱えている。結果が出なければ辞めてしまうだけでなく、優秀な営業担当者は、より条件の良い会社へと移っていってしまう。

人材の育成、さらには給与をいかに高くしていくか。この2点が、人材確保においては大きなポイントになってくる業界なのである。

この点においても、シアーズホームグループの取り組みは群を抜いている。500名規模の会社ながら、23年度も30名以上の新卒を採用。「シアーズアカデミー」と呼ばれる教育システムを設けて、人材育成のノウハウを体系化。少し前まで学生だった新人を、プロの営業担当者として早期育成することを可能にしている。

また、会社の平均年収を5%以上、毎年上げ続けることを経営指標とし、実際に実現させてきた。歩合で収入が増えるような雇用形態では、売り上げが営業担当者次第で、人も定着しないからだ。

そこで、社員の給与を上げ続けるために継続して売り上げを増やしていく、という考え方のもと、新卒採用で教育プログラムを充実させ、一刻も早く戦力化する取り組みを推し進めてきた。

住宅販売の世界は、営業ノウハウが属人化しており、営業担当者同士もライバル、という側面がある。結果として優れた営業担当者の方法が開示されず、他のメンバーに共有されないという問題があったが、こうしたこともない。

さらに、営業が売りやすいものを販売していくと、どうしても単価が下がっていきがちな業界だが、そうならないために「松竹梅」の価格帯ごとに営業担当者を分け、幅広いニーズに対応するという画期的な戦略も作り上げている。

DXの活用や、営業とは別に顧客をフォローするインサイドセールスといった仕組みで、契約率を高めることにも成功。コロナ禍で集客が大きく減ったにもかかわらず、シアーズホームグループが業績を伸ばしたのは、業界平均の2倍の契約率を実現させたからである。

住宅業界では、全国展開する大手ハウスメーカーでも、1社あたりのシェアは5%に満たない。ところが、**本社を置く熊本県では、シアーズホームグループは実に8%のシェアを持つ、圧倒的な地域一番企業となっている。**

成熟産業、労働集約産業でも、まだまだ大きなポテンシャルが残されている。それを、シアーズホームグループは教えてくれている。

理念・ビジョン――会社は顧客と社員を幸せにするためにある

シアーズホームグループの成長力の原点には、創業者である社長、丸本文紀氏が事あるごとに口にする経営への思いがある。「会社は顧客と社員を幸せにするためにある」だ。経営理念は、こう記されている。

「私たちは、お客様の満足を通じて自らの幸福を実現します」

丸本氏が考える、いい会社の条件は「社員が幸せであること」。会社が社員を大切にすると、社員は顧客を大切にする。そうすれば、顧客の喜ぶ顔に辿り着ける。その顔を見ることが、自分たちの幸せにつながる、という発想である。

会社が社員を幸せにしなければ、社員は顧客を幸せにできない。だから、社員の幸せは極めて大事になるのだ。

丸本氏が社員の給与を上げること、さらに休みを多くすることにこだわっているのは、このためだ。それが、社員の幸せにつながると考えているからだ。

日本企業の給与は、平成の30年間ほとんど上がらなかった。しかし、「30年間も給与が同じなど考えられない」と丸本氏は語る。給与が上がらないのでは、一般の消費も上がらない。日本の国力も増進しない。

シアーズホームグループでは、会社の平均年収を5%以上、毎年上げ続けることを経営指標にしてきた。社員の給料を上げる。そのためには、会社の利益も上げなければいけない。

丸本氏は、人件費を毎年5%上げるためには、売り上げがどれだけ必要か、を考えてきた。そのために必要な売り上げアップは、毎年10～15%だ。では、なぜこれほどの売り上げアップが実現するのか。それは、丸本氏が常々社員に、こう語りかけているからである。

「みんなの給与を上げたい。だから頑張ろう。仲間の給料を、上げてやってくれ」

みんなでWinになろう、というメッセージに反発する社員はいない。大きなモチベーションを持って、懸命に仕事に向かう。だから、高い売り上げ目標も実現に至る。

丸本氏の思いの背景にあるのは、「誰かを喜ばせることが自分の喜びになる」という精神だ。シアーズホームグループでは、これがグループ各社の全社員に浸透している。創業30年の19年に竣工した新社屋の壁面には「YOUR HAPPINESS MAKES US HAPPY」と大きく綴られている。

新入社員の最初の給与には、「親孝行手当」が含まれている。お父さんに1万円、お母さんに1万円。プレゼントを渡すもよし、一緒に食事に行くのもよし、手当2万円の使い方は自由だが、ひとつだけ社長命令がある。

初めての給料日には親に向かって正座して、「これまで私を育ててくれて、ありがとうございました。これからも頑張ります」と伝えることだ。正座して口上を述べる練習まで、事前に行っている。

若い社員にとっては照れくさいことでも、「これは社長命令だから」と言い訳をしながらも、親に挨拶をするという。だが、こんな言葉に親が喜ばないわけがない。自

「YOUR HAPPINES MAKES US HAPPY」と書かれた本社の壁と、シアーズホームグループ代表取締役の丸本文紀氏

分の行動の結果として身近な人が喜ぶ顔を見て、大切なことに気づいてほしい。それが、丸本氏の親孝行手当の目的である。

親孝行手当から始まる入社直後のミッションは、結果についてのレポート提出をもって完了する。各自の結果報告は全員に共有され、先輩社員たちも初心を取り戻し、自分の姿勢を見つめなおす機会にもなっている。

誰かを喜ばせることが、自分の喜びになる。それを知っている社員は、誰かを喜ばせようと自ら行動する。それはそのまま企業としての成長につながる。そして企業としての、強さにもつながっていくのである。

ビジネスモデル――「松竹梅戦略」など4つの戦略で地域の圧倒的一番になる

シアーズホームグループのビジネスモデルは、「松竹梅戦略」「人材育成戦略」「エリア拡大」「企業ブランディング」の4つを通じて、地域の圧倒的一番になる、というものである。

地域で他の会社を大きく引き離して一番になれば、顧客からの紹介も多くなり、メーカーも優先的に良い商品を持ってきてくれる。実際、本社のある熊本県ではすでに8%のシェアという圧倒的な一番企業になっている。大手のハウスメーカーをしのぐ施工実績、知名度をすでに持っているのだ。

「松竹梅戦略」とは、予算帯別に運営会社を分けて住宅ブランドを展開、マーケットの全域をカバーする戦略だ。最も高価格の注文住宅を手がける「シアーズホーム」が松、規格住宅を手がける「ジャストホーム」が竹、分譲住宅の「サンタ不動産」が梅。「松竹梅」の3つのブランドを展開している。

このブランドを分けるメリットは、顧客のニーズにしっかり応えられること。1つ

シアーズホームグループの「松竹梅戦略」

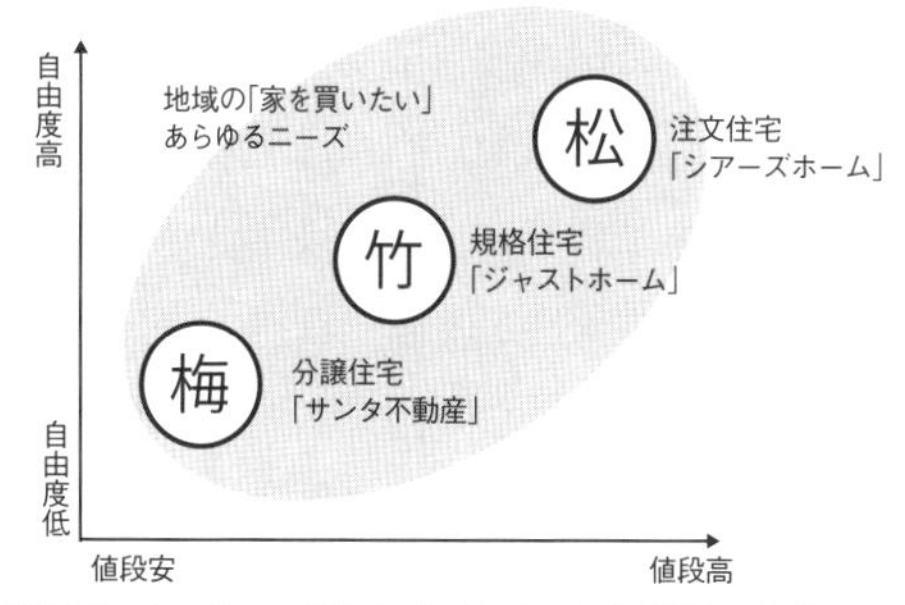

地域の「家を買いたい」ニーズをすべてカバーし、圧倒的一番化

松竹梅戦略で一番化し、エリア拡大

②隣接する
福岡・佐賀エリアへ参入

ステップ①
主力松事業(注文)
⇒**全国FCブランド**で地盤作り

ステップ②
竹事業(規格住宅)、梅事業(分譲)
⇒**価格帯ごと**にシェアを拡大

ステップ③
主力松事業(注文)
⇒**自社ブランド展開**でシェアを拡大
⇒それにより、高収益化

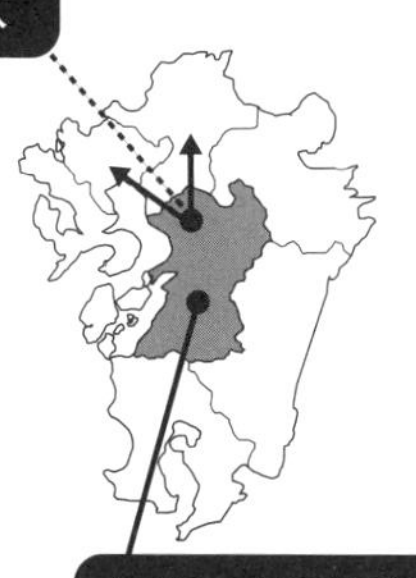

①熊本エリアで圧倒的一番化

のブランドで高価格から低価格なものまで揃えていると、顧客は選択肢が多くなり過ぎてしまう。これでは、迷いにつながる。また、販売する側も、売りやすいからと安価なものを売ろうとしがちだ。そうすると、高価格帯の商品が売りにくくなり、本来であればもっと高かったはずの客単価を下げてしまいかねない。「松竹梅戦略」によってブランドを分けることは、顧客にとっても、営業担当者にとってもプラスになるのだ。

実際、ブランドを分けることで予算別の案内がしやすくなる。また、注文住宅の「松」では予算が合わないという顧客を、「竹」や「梅」の価格帯ブランドに案内することもできる。結果として、**高価格帯からリーズナブルなものまで、地域の「家を買いたい」ニーズを、広範囲にカバーすることが可能になる。**

「人材育成戦略」は、先にも触れたように、しっかりと教育して戦力化を早める戦略だ。「新卒採用した社員を教育して入社1年目から売れるようにし、2年目には立派な戦力にする」ことを会社の基本的な考え方としている。

少し前まで学生だった新人をプロの営業担当者として早期育成するため、力を入れているのが、研修だ。ノウハウを体系化した教育システム「シアーズアカデミー」では、研修動画が多数作成されており、営業担当者はその動画を何度も見て学べるよう

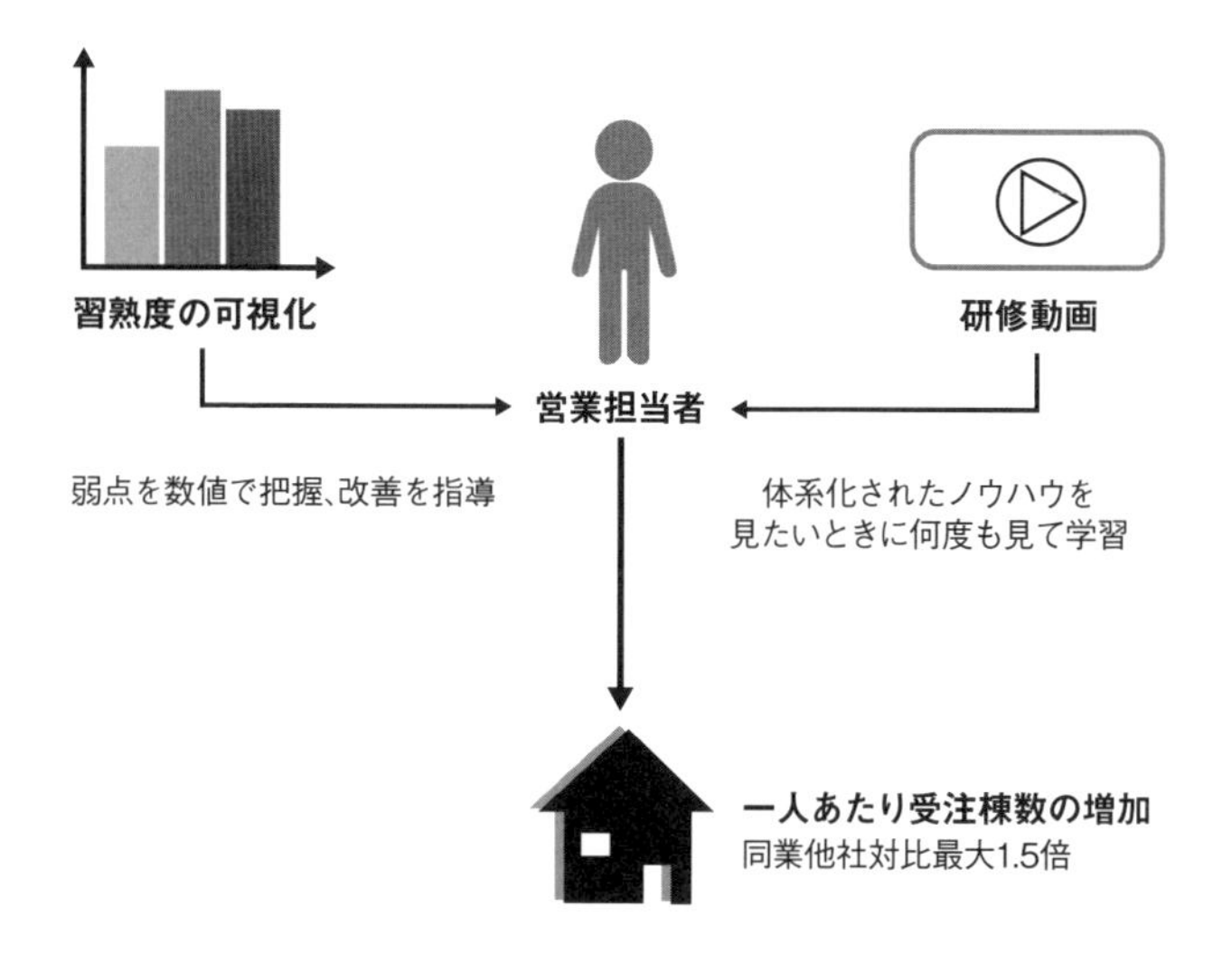

営業担当者の「売れない期間」を短くすることで、収益性を高める

になっている。

社員に研修を提供しているものの、提供される時期は会社が決めていることが多いものだ。ところが、それでは研修を必要としている人材が、すぐにその研修を受けたいと思っても受けることができない。

シアーズホームグループでは、研究や教育を仕組み化し、研修を受ける側が、必要なときに必要な学びを得られる環境を整えている。

また、営業担当者の習熟度合いは徹底的に可視化されている。教育担当者も各営業担当者の弱点となっているところを把握し、「あなたはこの部分が弱いので、それを改善するために、この映像を見てください」などの指導をする。

もともと住宅販売の世界はノウハウが属人化しているところがある。営業担当者同士もライバルであり、優秀な営業担当者ほど自分の方法を開示したがらない、という課題があった。

シアーズホームグループでは、営業におけるハイパフォーマーの暗黙知が、すべて動画にして形式知に落とし込まれている。背景には「誰かを喜ばせることが自分の喜びになる」という風土も大きい。

「エリア拡大」で特徴的なのは、フランチャイズを積極的に活用していることだ。熊本県でナンバーワンになった段階で、次に福岡県への進出をしたが、実は一度、失敗している。いきなりシアーズホームのブランドで展開しても、うまくいかないことがこのときわかった。

そこで、再チャレンジするときには全国レベルの強いFCブランドを活用した。競争が激しいエリアで鍛え抜かれた商品はやはり強い。自分たちがもう一段高いレベルに上がるためには、その優れたノウハウと技術を謙虚に学ぼうと考えたのである。

実際、「桧家」や「ACTUSLABO」「BASE HOUSE」などで規格住宅や分譲住宅を展開。まずはフランチャイズで地ならしをし、集客力や契約率が上がる体制を作って、それから自社ブランドを投入する戦略を取った。

しかも、フランチャイズ展開をする過程で、自分たちに最も合う自社ブランドを模索、作り上げることに成功した。

福岡県の人口は510万人、佐賀県も入れれば800万人規模になる。熊本県の次は、このエリアでナンバーワンになることを目指している。

「企業ブランディング」は、積極的な地域社会への還元の取り組みだ。年商の1〜

2%程度を目安に、利益を地域貢献に使っている。

野球をはじめ、サッカー、バスケットボール、バレーボールなどの地域チームを、スポンサーになって支援する地域スポーツ支援。また「096k熊本歌劇団」など、さまざまな文化団体の支援。さらには、熊本市民会館のネーミングライツの獲得（「シアーズホーム夢ホール」と命名、ホール利用団体に助成金を支援）や地域観光へのサポートも積極的に行っている。

こうした支援は、企業ブランディングにつながっており、紹介・口コミでの紹介率向上にも貢献している。**現在、シアーズホームグループの紹介・口コミ経由の受注比率は、実に50%を超える。**

また、地域貢献活動をするようになってから営業がしやすくなった、という声が社内から聞こえてくるようになった。地域に会社名が知られ、親近感を持ってもらえる。それは、契約率のアップにもつながっている。

「松竹梅戦略」「人材育成戦略」「エリア拡大」「企業ブランディング」の4つは有機的に組み合わさり、地域の圧倒的一番になるという目標の実現に向かう。これが、シアーズホームグループの強固なビジネスモデルとなっている。

地域のスポーツチームや文化団体を支援し、ブランディング

年商の1～2％程度を地域貢献に使い、知名度向上、契約率アップにつなげる（上：プロ野球　火の国サラマンダーズ　下：Jリーグ　ロアッソ熊本）

歩んできた道――ひとつのブランドの注文住宅展開から転換

89年、丸本氏がたった一人で立ち上げた不動産仲介業がルーツ。机と電話ひとつだけの事務所からのスタートだった。やがて社員数も増え、土地開発をスタートさせる。当時は、プレハブメーカーに土地を売ってもらっていた。

だが、家を建てる顧客と接することがないのは寂しいと感じ、注文住宅の事業をスタートさせる。初年度こそ厳しい状況だったが、2年目には分譲20棟が売れ、総合展示場に出展するようになった。

総合展示場では、いかに他社に勝ち抜くかを考え、営業力を磨いたという。また、他社が低価格帯の商品を出せば、自分たちでも低価格帯の商品を作ろうと研究した。さらに、規格住宅商品を開発し、コンパクトサイズの分譲も始めた。

こうして商品のラインナップを徐々に広げて地域内のシェアを上げ、リフォーム業へも拡大していった。

94年から07年までは、ひとつのブランドの注文住宅を展開していたが、10年に「松竹梅戦略」を確立。この頃から成長が加速していく。

人材採用についても、かつては一般的な住宅販売会社と同様、中途採用で人を集め、営業担当者は売れれば歩合で収入が増えるような雇用形態を取り入れていた。競合他社よりも、高い年収水準で採用。それが、売り上げ増にも結びついた。

しかし、これでは売り上げが営業担当者次第になってしまうことにやがて気づく。また、個人の能力に幅があり、人も定着しないことから、新卒採用を行い、教育して早く戦力化する戦略へと方針転換した。

現在は住宅事業のほか、金融事業、ホテル事業も手がけ、不動産売買事業も強化して、グループ経営を展開している。丸本氏は、こう語っている。

「この二十数年間、今日よりも明日が少しでも良くなるように、と毎日コツコツやってきて、気づいたら売り上げが200億円を超えていました」

収益性——徹底した人材教育戦略で「営業が売れない期間」を作らない

先に触れているように、21年度までの10年で売上高が5・3倍、経常利益が7・1

倍になったのが、シアーズホームズグループだ。売上高経常利益率も、建設業の業界平均3・66%に比べ、シアーズホームグループは8・3%と倍以上になっている。

背景にあるのは、圧倒的な生産性の高さである。加盟しているフランチャイズがわかりやすいが、**同業他社なら平均して年間6〜8棟を売るフランチャイズでも、シアーズホームグループでは12〜15棟を売り上げる。一人あたりの受注棟数としては、同業他社と比べて1・3倍から1・5倍違ってくる。**

住宅販売の営業では、育っていないので売れない、という期間がある会社も少なくないが、シアーズホームグループの場合は、徹底した人材教育戦略で売れない期間を作らない。入社初年度から3〜4棟は売れるようにしている。

人材については、グループ会社間で異動ができることも大きい。配属先で成果が出せない場合や、組織にうまく合わない場合などは、離職につながってしまうことが多くの会社では起きている。

しかし、採用には大きな費用がかかっている。離職されてしまえば、それがそのまま無駄になってしまいかねない。だが、シアーズホームグループの場合は、「松竹梅」で異動という選択も取れる。採用コストを無駄にすることがない。

また、給料を5%上げていくためには、毎年10~15%の売り上げアップが必要になるが、実際には毎年15%以上の売り上げ成長率を社員が意識している。さらに営業や設計も含め、一人あたり5000万円以上、粗利率30%以上といった、営業利益を出す指標を個々がしっかりと持っていることも大きい。

こうして給料を5%以上も上げながら、営業利益を8%以上にするという収益性を実現している。

持続的成長性――売上高1000億円グループという大きな目標を掲げる

シアーズホームグループの強さは、大きな変化にも柔軟に対応し、その成長性を持続してきたことだ。象徴的なのが、コロナ禍にあって、20年5月からの1年間の業績が119%もの成長を実現していたこと。

全国で緊急事態宣言が発令されるなど、経済活動が大きく止まってしまった年。当然のことながら、総合住宅展示場の来客数には大きな影響が出た。集客が半分になってしまったケースもあった。

しかし、ここでシアーズホームグループは契約率を業界平均の2倍にしている。**大幅に減った集客を、契約率を上げることによってカバーしたのだ。**

このとき活用されたのが、徹底したDX戦略だ。総合住宅展示場に来場してもらうことが難しいとなれば、まずはデジタルで営業し、見込み顧客に電話連絡をし、来場へとつなげていく。Webマーケティングを本格的に導入したのである。

そして、集客データをしっかり残していく。集客の形が多様化したため、どの集客が効果的なのか、どの投資で費用対効果が良くなっているか、データを徹底活用した。

さらに、デジタルによる営業管理。顧客管理システムの「セールスフォース」で、どの営業担当者がどのような働きをしているか、データを取った。

このとき行われるのが「顧客の状態について、統一された基準で話す」ことだ。営業では往々にして「頑張っています」「いい感じです」「もう少しで売れそうです」などの報告がされがちだ。しかもその内容は、担当者の主観に基づくことがよくある。

シアーズホームグループでは、商談ステップと受注ランクを統一し、DXで徹底管理する取り組みを行っている。「このようなアクションに進むと顧客ランクはどれになり、フェーズはいくつになる」と取り決め、営業担当者はすべて数字で報告する。

そうすることで、どの営業担当者がどのように働いているのかが、誰もがわかる形で把握できる。その結果として、営業状況だけでなく、「これができるようになっている」「この部分でつまずきがち」といった営業スキルの育成状況もわかる。

来場からアポイントまで、あるいはアポイントから相談まで、といったところもすべて数字で出せるようになった。**勘で行われていたセールスが、データ化されたのだ。**これによって、セールスが止まってしまい、顧客が置き去りにされるようなこともなくなった。

加えてコロナ禍では、インサイドセールスと呼ばれる営業とは別の部隊がフォローしていく体制も強化した。顧客と営業には、時に相性もある。ちょっと合わないな、と感じた営業担当者とは、コミュニケーションが滞ることもある。

営業と話がかみ合わなかったり、ライフイベントなどが忙しかったりすると、顧客は家を買うモチベーションが下がってしまったりもする。

そういう場合は、インサイドセールスが、しばらくたってから連絡を入れる。別の営業担当者につないだりすることによって、せっかく獲得した顧客との接点を大切にできるようになった。これが、契約率アップに大きく貢献した。

デジタル管理によって、営業の効率性と正確性を上げ、コロナ禍を乗り切ったのだ。

また、結果としてコロナ以前よりも営業体制は強固になった。

そして持続的成長性としては、目標の高さが挙げられる。熊本・福岡・佐賀の合計750万人口の商圏でナンバーワンになることが当面の目標。現在は200億円台の年商だが、300億円台、500億円台、1000億円台を目指している。

ミッションは、「2030年前に偉大な企業になる」。そのためのロードマップも描かれている。

顧客満足度——住宅購入の多様なニーズに応える

熊本県の注文住宅企業で、2位に2倍以上の差をつける、圧倒的な一番企業。また、熊本県以外でも、紹介・口コミ経由の受注比率は50%を超えている。顧客からの高い支持があることは、説明するまでもない。

背景として大きいのは、「松竹梅戦略」で多様なニーズに応えることができるということだ。営業側の視点からも魅力の大きい「松竹梅戦略」だが、顧客にとっても利点はある。自分が本当に作りたい家、価格帯の家を作ることができるからだ。

特定の価格帯のみに強い企業であれば、それは難しくなる。場合によっては、顧客がハウスメーカーに合わせなければならないようなことになりかねない。

シアーズホームグループであれば、そういうことにはならない。自分に合った家を選択できる。

組織力――「徹底の徹底の徹底」で、決めたことをやり切る

シアーズホームグループの強さは、組織の強さが仕組み化されていることだ。多くの住宅を販売し、売り上げを増やし、生産性を高める。そのために、営業担当者の育成を早め、売れない期間を短くする。これが仕組みで実現されているのである。

加えて、シアーズホームグループが大事にしているのが、「徹底の徹底の徹底」だ。せっかくの優れた仕組みも、実行されなければ意味がない。そのため、決めたことを必ず実行する、やり切ることについても力を入れる。

そのひとつが、「ボイスメール」だ。営業担当者は毎日、社長の丸本氏に直接、そ

の日の活動を録音して報告することが義務づけられている。丸本氏はその内容を毎日聞き、フィードバックを行うなどの対応をする。

社長が社員とのコミュニケーションを重視している証左だが、決めたことがしっかり徹底されているかは、毎日チェックをしている。それが、組織の強さを作っている。そして社長は出張等していない限り、朝礼などで自分の考えを話したり、さまざまなメッセージの発信をする。こうしたカリスマ性がある一方、社員とのコミュニケーションを重要視しているため、会社の雰囲気がいい。厳しい言葉をかけることもあるが、社員に対しての愛情がある。これが、組織をより強いものにしている。

誕生月を迎えた社員を集め、誕生会を開いて社長と交流をしたり、社員の配偶者の誕生日に感謝の手紙を送ったりもする。

社会性――企業の最終的な使命は、地域の人々を幸せにすること

社会に貢献する、という姿勢の強さは、シアーズホームグループの大きな特徴のひとつだ。

企業の使命は顧客と社員を幸せにすること、とは丸本氏の言葉だが、他にも使命があるとも語っている。それが、利益を出して税金を納めること、利益の一部を社会貢献に使うことだ。

新卒採用で毎年30～50人もの規模で学生を採用するのは、若者たちに活躍してもらい、地域を元気にしたい、という意図もある。企業の最終的な使命は、地域の人々を幸せにすることだ、とも語っている。

この言葉の背景には、社員の幸せがある。社員の幸せが顧客を幸せにし、顧客を幸せにすることが自分の幸せになるという企業理念に立ち戻る。首尾一貫している。

この企業から学ぶこと

●スケールメリットを生かすためには「絞り込む」

商圏におけるシェアを高めたければ、勇気を出して商圏を絞りその中の顧客を獲得することに集中する。

一般的に「うちの店に来てもらえれば〝何でもあります〟」と、広いエリアに薄く案内をしたくなるもの。しかし、それでは顧客は迷う。売れるものも偏り、ビジネスチャンスを逃す。だからこそシアーズホームグループは、あえて地域顧客のニーズ、予算帯別にベストの商品を絞り込む「松竹梅戦略」を実行している。

専門分野を明確にすることで、対象顧客に深く訴求でき、顧客は買いたい家を買うことができる。地域にしっかり密着するためには、むしろ絞り込んだほうが良い。

顧客の予算に応じて、注文住宅、規格住宅、分譲住宅かは自然と分かれていくが、使用する建材や工程は共通するものも多い。その部分はグループ全体のスケールメリットにつながり、地域の工務店などとのコネクションも生かすことができる。

また、分譲住宅は低価格が売りの商品だが、シアーズホームグループの、地域社会への還元による企業ブランディングの威力は絶大で「注文住宅も建てている、有名なシアーズホームグループの分譲住宅なら安心」だと思ってもらうことができる。「絞り込みとスケールメリット両方の享受」は、人材育成にもつながっている。高価格商品である住宅販売は、知識やノウハウが多く必要なことから、営業担当者の育成にはどうしても時間を要する。しかし売るものを絞り込むことで、担当者が身に着けるべきものを少なくでき、早期の人材育成を可能にしている。

グループ内で適材適所に異動させ、離職率を抑えることも可能になる。「シアーズホームに入社してくれた社員を辞めさせたくない」という想いからである。

この「人を大切にする」という想いは、採用にかかるコストを無駄にしないというコスト削減効果にもつながって、善循環を生んでいる。

「スケールメリット」と「絞り込み」、ふたつの両極な考えをうまく生かしているのが、シアーズホームグループの強みである。

執筆：執行役員　第四経営支援本部　本部長　杉浦　昇

Chapter

02

による高収益化、メーカーへのシフト

グレートカンパニーアワード2022
働く社員が誇りを感じる会社賞

――関家具

主力商品「天然一枚板のテーブル」超巨大なものの移動の様子

時代の変化に伴い主力商品をシフトさせていきながら、創業以来赤字を出さず、家具卸売業で日本一を達成。社員に任せる経営で、社員発の新規事業が次々に生まれ、会社の売り上げを牽引。時代の変化に合わせて主力商品を変化させ、「より高単価、高収益」を実現し、売り上げ・利益をアップ。

新規事業創出
小売り・卸から

秀逸なポイント

社員の力を最大限に発揮し、
時代に合わせた変化の原動力に

□時流に合わせて主力商品を変化

→ 販売店向けの低単価・低利益の商品の割合を減らし、直営店や高単価な法人向けの販売を増やす

→ サプライチェーンの統合で上流から下流まで包括し、収益を高める

□社員発の新規事業で、常に新たな事業やイノベーションを興している

→ これまで新たに60以上の事業、30以上のブランドが誕生

→ 「失敗しても文句は言わない、責任は社長が取る」と明言し、チャレンジを後押し

□毎日、会社の売り上げと経費をチェックする日次決算

→ 新規事業のための投資は厭わない一方で、会社の数字は日々細かくチェック

→ 創業以来55年にわたり黒字経営

企業プロフィール　株式会社関家具

業務内容：インテリア・住関連商品企画販売
所在地：福岡県大川市幡保
創業：1968年
代表者：関 正
資本金：1.5億円
従業員数：519名（グループ全体）〈2022年6月〉

業界の姿①家具業界――ライフスタイルの変化で伝統的な家具は不要に

30年ほど前まで約1兆5000億円あった市場が、今や1兆円を切る規模になってしまっている。大きな衰退を余儀なくされているのが、家具業界だ。

背景にあるのが、ライフスタイルの変化である。核家族化が進み、都市部はもちろん地方都市でも大きな家に住むことは珍しくなった。また、家族がそれぞれ部屋を持つことが当たり前になり、一つひとつの部屋が狭くなった。さらに戸建住宅でも洋間が増え、収納が住宅に組み込まれるようになった。

結果として売れなくなったのが、大型の家具である。特に影響があったのが、日本の家具業界に最も大きな利益をもたらしていた、タンスだ。中でも婚礼タンスや桐タンスは、日本の家具産地をまさに支えてきた商品だった。

しかし、一般的な新婚家庭が2人で暮らすような今どきの小さなマンションやアパートに、婚礼家具はとても置けない。買う人はどんどん減っていった。

タンスの代わりに大きく需要が高まったのが、クローゼットの中で使うプラスチッ

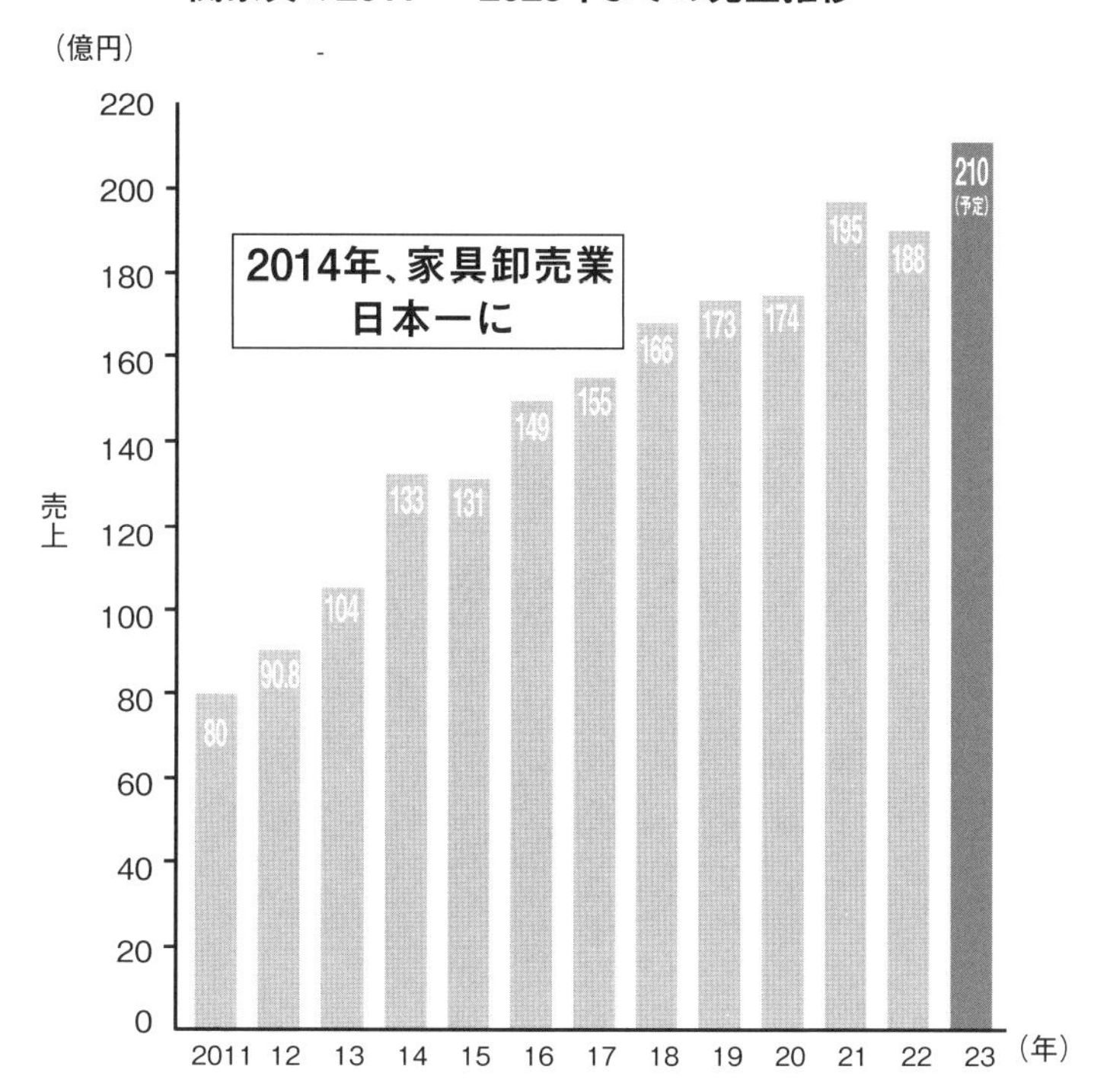

家具卸売業日本一になったほか、売上を2倍にするなど、
ここ10年で成長を加速させている

ク収納だ。家具業界でも、ニトリやＩＫＥＡ、東京インテリアなど好調な企業もあるが、その中でも売り上げが大きいのは、生活雑貨やカーテン、カーペットなどのインテリアである。

こうした中、50年以上の歴史を持ちながら、家具業界で元気な会社がある。68年に日本を代表する家具の産地、福岡県大川市でトラック一台で創業。今や家具卸売業日本一、29の直営店舗、32の自社ブランドを展開、１９５億円の年商を誇る、関家具だ。

驚くべきは、**創業以来55年間、一度も赤字になったことがない**、ということである。

また、この10年で成長を加速させ、売り上げが約２倍の規模になっていることだ。

さらに５００名以上の従業員がいるが、その平均年齢は33・５歳。衰退産業とは思えないほどに、若い社員がたくさん働いている。

関家具は、家具の産地・大川はもちろん、今や九州を代表する企業になっている。

業界の姿② 新規事業――経営環境の変化に対応。新規事業を次々と展開する

大川は、九州一の大河、筑後川が有明海に流れ込む河口の一画にある。古くからた

くさんの船が集まり、造船技術が栄えた。腕の良い船大工たちは、やがて机やタンスなどの指物（さしもの）と呼ばれる家具も手がけるようになった。

これが、大川のルーツである。以来、婚礼タンスや桐タンスが一大産業となり、大川を支えた。だが、ライフスタイルの変化とともに、徐々に大きな家具が売れなくなり、多くの家具メーカーが苦境に陥る。中には、廃業を余儀なくされるところも少なくなかった。

関家具も主力商品のひとつとしてタンスを扱っていたが、市場に徐々にかげりが見えてくると、ソファやダイニングテーブルなど、主力商品の拡大を行っていった。経営環境の変化に対応したのだ。

そしてそれができたのは、もともと卸売の事業を手がけていたためである。大川で作られている他のメーカーの家具を扱うだけでなく、関家具が独自で企画を立て、プライベートブランドを作ってもらう事業もいち早く取り入れた。

また輸入商材も扱い、日本にはまだない商品を卸業として展開。さらに、海外の製品をヒントにしたデザイン性の高い商品を自ら作り、海外で製造するビジネスもスタートさせていく。

後に自ら小売りも手がけるようになり、レストランなど法人関係の家具オーダー、オフィスのインテリアや空間設計も事業化。「メーカー・卸売・小売」の垂直統合経営を実現させることになる。

だが、関家具はここからさらに進化を遂げる。**売り上げをこの10年で2倍の規模にしたのが、新規事業だ。**その数、60以上。しかも、そのほとんどが、社員発案による新規事業なのである。

20代の社員が発案したビジネスが全国で11もの店を構え、20億円以上の売り上げを作っている。新素材のソファを開発して30億円以上の売り上げを作った若い社員もいる。「こんな商品に本当にマーケットがあるのか」と思えるようなアイデアを大胆に採用、「失敗しても構わない」と思い切って任せて、大きな成功に結びつけているのが、関家具なのだ。

若い社員が積極的に新規事業のアイデアを生み出す。それが会社の成長をさらに加速させているのである。

コロナ禍は巣ごもり需要を生んだが、家で過ごす時間が長くなったことで、家具やインテリアの産業を活気づかせることになった。ビジネスでも、テレワークや感染対策などコロナ禍によって新たな需要が生まれている。

新規事業の増加に伴い、売上構成比は大きく変化

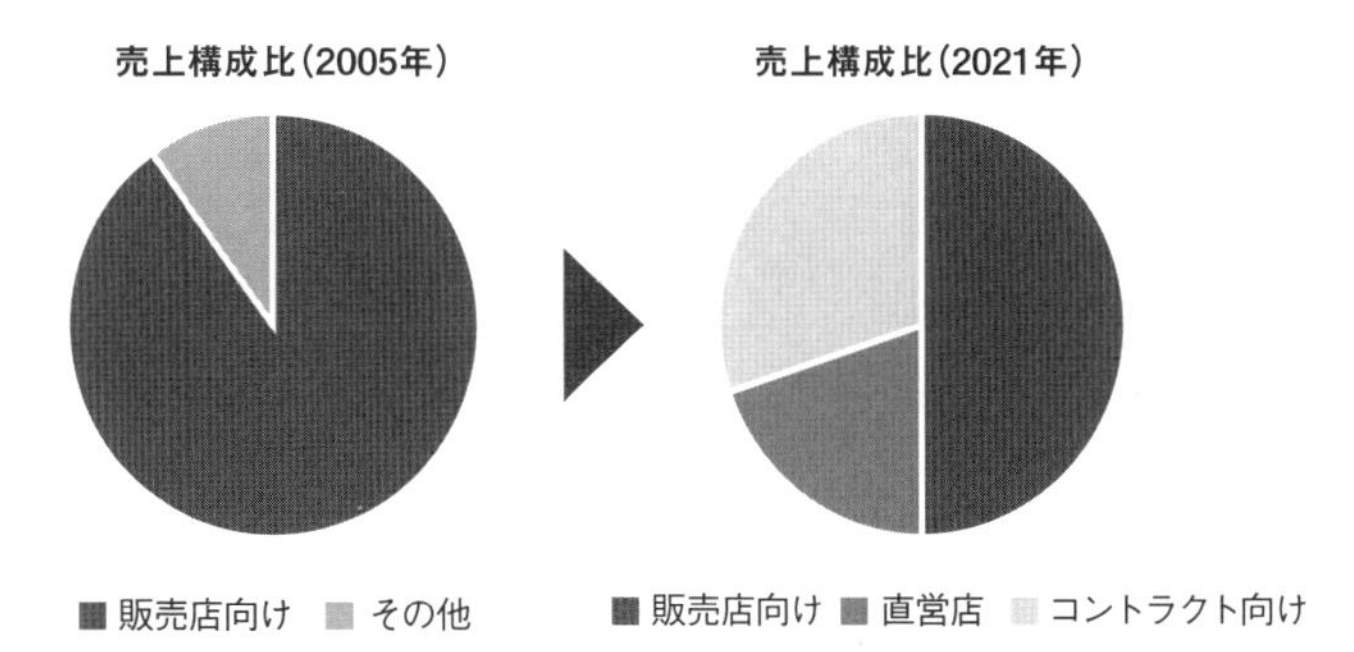

低単価、低利益な量販店向けから直営店、高単価な法人向け販売が増加。
それに伴い売り上げ、利益もアップ

サプライチェーンの統合で大きく収益化

一般的にメーカー、卸、小売りはそれぞれの会社に分かれている。
関家具はすべてを担い、サプライチェーンを統合することで上流から下流まですべてを包括。
近年はECサイトにも力を入れ、店舗の場所にとらわれない販売の方式を確立している。

関家具には、さらなる追い風が吹いてきている。

理念・ビジョン――社員のやりたいという気持ちを尊重する・任せる経営

関家具には経営理念やコーポレートスローガンがもちろんあるが、会社の理念・ビジョンとしてより上位概念にあるものとして認識されているのが、創業者であり会長の関文彦氏が、自らと会社を律するために掲げた「経営の心得13カ条」だ。

中でも、その第1条が、現在に至るまで関家具らしさを決定づけるステートメントとして機能している。

「楽しくなければ仕事じゃない。やりたいことを任す、失敗しても文句は言わぬ。責任はすべて社長が取るから思いっきり楽しんで仕事をやってください」

まさにこの言葉に象徴されるが、関家具の基本的な考え方は、「社員のやりたいという気持ちを尊重する・任せる経営」である。社員が楽しく仕事をすることこそ、企業が成長し続けるための条件だ、としているのだ。

なぜなら、現場を最も知っているのは、社員だから。関氏自ら、こんな言葉も発信している。

「現場を知る社員は、私の先生。社長は、先生の言うことに耳を傾けなければならない」

関氏は「経営の心得13カ条」第1条を会社のポリシーの一番目として常に発信、社員に徹底している。そしてこの「社員のやりたいという気持ちを尊重する・任せる経営」が、社員に新しい事業のアイデア発案を促し、実際に社員発案による新規事業を次々に生み出すことにつながっている。

そしてもうひとつ、徹底しているのが、**仮に発案者が失敗をしても、赤字を出しても、文句は言わない、責任は社長が取る、**ということだ。「責任は社長、手柄は社員」である。もっとも、何か成功した暁には、世間は社長がやったと思っているので、自分の評価も上がると関氏は笑う。

やりたいことがあるのであれば、一度はやってみる。失敗しても構わない。本当にこの考えを貫き、会社の文化にすることで新たな成長事業を次々と生み出し、あるいは社員が成長し、会社の成長は加速していったのである。

ビジネスモデル――社員が自律的に仕事を楽しみ、新ビジネスを生み出す

会社を55年にわたって率いてきたのが、創業者であり会長の関氏だが、統制や命令型のリーダーではまったくない。専務取締役や常務取締役、営業部長などの管理職も含め、社内のリーダーシップのあり方は、「支援型」で統一されている。

これが自律的に仕事を楽しむ社員の育成につながり、新しい事業が次々に生まれ、利益にも結実している。まさに会社の文化が常にイノベーションを生み、時代に合った事業構造へと変えていくというビジネスモデルになっているのだ。

関家具の売り上げを構成しているのは、一般家庭向けの家具の卸販売、企業向けインテリア・空間設計、店舗運営（小売り）、そして新規事業としての多様なオリジナルブランドの展開だ。

新規事業への投資が本格的に始まったのは03年だったが、その後、急速に成長。今や売り上げ構成の50％近くを占めるまでになっている。卸販売や企業向け、小売りといった基盤事業も成長はしているが、それをはるかに上回るスピードとスケールで成

長しているのが、新規事業なのである。

そして、この新規事業を生み出しているのが、「社員のやりたいという気持ちを尊重する・任せる経営」だ。その真骨頂が、社員の意欲的なアイデアを具現化する取り組みである。

これまでに社員が発案した新規事業は60を超えている。そして社員のアイデアによって30以上のブランドが生まれた。しかも、本当に若い社員が提案、失敗を乗り越えながらも、成長軌道に乗せていった事業が多い。

例えば、天然木材の一枚板テーブルを手がける「アトリエ木馬」。大きな木を丸ごと切って、テーブルにしたものだ。今や関家具の代表的な製品のひとつになっているが、発案したのは、当時20代の若手社員だった。

もともと付き合いのあった婚礼家具メーカーの工場を、社員ごと引き受けてほしいという依頼を受けた関氏は、工場で働いている社員の雇用を守るためにも、引き受ける決断をする。しかし、婚礼家具は時代の変化もあって売れなくなってきていた。代わりになる商品を作らなければ、と若い社員が考え、提案してきたのが、大きな木の一枚板だった。

天然の大きな一枚板は希少性があり、同じものはふたつとないので量産には向かない。これなら他の大手家具メーカー、大手チェーン店と差別化できる。関氏はもともと実家が木工所。木が好きだったことで、アイデアを採用した。

ところが、買い付けのためにアフリカやアメリカにも行き、木材を買い過ぎてしまった。ペンシルバニア産の木材などは、中に南北戦争時代の銃弾が入っているものもあったという。大きな天然木は、一本一本に個性があり、歴史が感じられるのだ。

また、天然木の一枚板は形がいびつで、穴が開いているものもあった。数百万円の丸太を仕入れたのに、穴があって一枚もテーブルが作れなかったこともあった。こうした失敗で、大きな損失を出しそうになった。

しかし、レジンと呼ばれる透明なアクリルのような樹脂を流し込んで製品化することを、別の社員が思いつく。このアイデアを考えたのは、芸術系大学を出た新入社員だった。

さらに別の社員が「東京の青山に店を出したい」と提案する。軌道に乗るまで、およそ2年かかったが、今や11店舗を展開、20億円以上を売り上げる事業になっている。

樹齢１０００年以上の屋久杉で作ったテーブルは、４４０万円という価格だったが、

関家具の主力商品の一つ、天然木の一枚板のテーブル

穴が開いていてそのままではテーブルにできない天然板も「レジンを流し込む」という若い社員のアイデアで商品化に成功

すぐに売れた。一点物なので似たようなものは探せない、と気に入ったら即決する顧客がほとんどだという。

もう一人、ヨーロッパ家具の仕入担当だった当時20代の社員は、ドイツで出会った真っ白な高級マットレスに一目ぼれして、6000万円分を買い入れたが、まったく売れなかった。日本のマットレスは、柄物が主流だったからだ。しかし、関氏は怒らなかった。

この失敗の経験も活かしながら、この社員はレザーテックスという新素材を自分でゼロから開発する。イタリアの高級な本革をモチーフにしたポリエステル素材に特殊技術で色を重ねた独特の光沢のある素材だ。

革と違って、長い時間座っても、蒸れることがない。これを使い、10万円を切る価格で売り出したソファが大ヒット。年間30億円以上を売り上げ、関家具の屋台骨の一つに成長している。

関家具の社員に雇われ精神はない。**「やらされている」という感覚では、いい仕事もできないし、社員自身も楽しくない。ところが、社員が楽しみ始めると、アイデアがどんどん出てくる。**

釣りの同好会で集まっている社員からの発案は、釣り道具をきれいに収納できる専門家具だった。新しい販売ルートとして釣具店も開拓。釣りファン垂涎（すいぜん）の家具となった。

また、洋風の家にはなかなか合う仏壇がない、と高級無垢材を使用したラグジュアリーなインテリア仏壇を開発した社員がいる。これも好評を博している。

最近では、やはり若い社員の発案で、人気のeスポーツ（コンピュータゲーム等の競技）専用の机と椅子を開発、よく売れている。

家具と聞いて真っ先に思い浮かぶのは家庭用だが、関家具はその領域にとどまらない。オフィス向けやホテル・レストランなどの業務用、福祉・医療向けのメディカルファニチャー、商業施設向けの什器など、商品の幅は広がり続けている。

関家具では新規事業の失敗は一切問われない

6000万円の損失を出した社員が次に手がけたレザーテックスのソファは年間30億円以上を売り上げるヒット商品に

一級建築士の資格を持つ社員は、家具ではなく住宅を作りたいと提案して住宅建設を事業化した。愛犬家の社員が作ったペット用品、ウィッグの販売などもある。

これらもすべて、社員が仕事を楽しみながら自身のアイデアを形にしていった結果だ。**社長や上司が社員に指図するより、社員自身が「これをやりたい」と思って取り組むほうが、魂が入ったいい仕事をする、**と関氏は語る。仕事がうまくいけば本人の喜びも大きいし、関氏もうれしい、とも。

そして、新たなアイデアを生み出すためのサポートも積極的に行っている。社員研修で、海外視察を取り入れているのも、そのひとつ。海外の先進事例を見て、新しいデザインの潮流や時流を知ることも大切なのだ。

しかも、しっかりとした目的があれば、新入社員でも海外視察に行ける。新卒入社して約20年の間に、ヨーロッパに83回視察に行った社員もいるという。

社員発案の新規事業は、会社に大きな利益をもたらしている。

歩んできた道——超ワンマン経営が引き起こした衝撃の事件

創業者の関氏は、木工職人の息子として生まれた。小学生の頃は、父の弟子たちと材木を運び、中学生のときにはノミとカンナを使いこなしていた。ところが、高校2年のとき、父の会社が倒産してしまう。

関氏は高校を卒業すると久留米の家具店に勤め、独立を目指して7年間修行し、資金を貯めた。住み込みで働き、一切無駄遣いをせず、歯磨き粉すら節約してお金を貯めた。夜は福岡大学商学部の夜間部に通い、簿記や会計の勉強をした。

このとき、大学の先生から人生の規範として6つの教えを授かり、以後、片時も忘れることはなかったという。

「盗るな、殺すな（＝人を傷つけるな）、火を出すな（＝迷惑をかけるな）、負けるな、嘘をつくな、弱い者いじめを許すな」

そして68年、25歳のときにトラック1台を購入し、たった一人で卸売業として独立した。このとき企画し、メーカーに発注したサイドボードがよく売れた。

手形の取引が当たり前の時代だったが、関氏はメーカーに安く作ってもらうために、当時としては珍しかった現金取引を実行する。朝、メーカーで家具を受け取り、小売店に販売する。現金を受け取ると、夜までにお金をメーカーに支払った。これは、メーカーからも喜ばれた。

こうして取引先を広げ、次第に他のメーカーの家具卸も手がけ、さらには輸入家具へと事業を拡大していく。働いて、働いて、働きまくった。配送時のフェリーでの移動中のみが唯一の休み時間となる日もあった。

実は創業からしばらくは、超ワンマン経営をしていたという。ところが、90年代の後半、事件は起こる。売り上げの半分を占めていた輸入家具事業を任せていた幹部社員が、突然、取引先を奪う形で辞めていったのだ。追い打ちをかけるように、4人の幹部社員も去った。

思いやりと配慮が足りなかったと気づいた。会社存続の瀬戸際で、関氏は考えを改める。これは、社長の自分が心がけを変えるしかない、と。

このときに自らに課したのが、「経営の心得13カ条」だった。そしてここから会社は大きく変わっていく。

関氏の名刺は、チラシサイズの紙を折って名刺サイズにしたものだが、開くとそこには「経営の心得13カ条」が載っている。

収益性――毎日、会社の売り上げ、経費をチェックする日次決算

関家具の経営で驚かされるのは、さまざまな社会の変動がありながら、創業から55年にわたって赤字を一度も出したことがない、ということだ。

関氏は創業時から毎日、会社の売り上げ、経費をチェックしてきたという。月次決算ではなく、日次決算。社員にもその意識は深く浸透している。

新しいブランドが立ち上がったときにはすぐに黒字が出ないこともあるが、周りもそれを見守り、非難するようなことはしない。各ブランド、各店舗がお互い補って、

協力し合うという社風になっている。

一方でこうしたデータ主義だけで、赤字を防ぐのは簡単なことではない。もとより商品や事業には賞味期限がある。それまでの成功体験を引きずると、赤字転落は避けられない。しっかりと時流を読んでいたということだ。

創業期も、いつまでも同じ商品を売っていたら、赤字になったはずである。新しい成長の軸をしっかり見つけ、チェンジしていったからこそ、黒字になっているのである。

そして新規事業は卸などの基盤事業に比べて粗利率が高く、収益力をさらにアップさせている。

持続的成長性――思い切った新規事業創出は続く。DXにも積極的

時代とともに商品や事業を転換しているのが、関家具の大きな特徴。タンスの関家具から、ソファ、テーブルの関家具となり、デザイン性の高い家具にチェンジ。大規模な展示会を開催、卸先のインテリアショップ等も拡大していった。

さらに、もともと低価格で良いものを提供していたが、デザイン力が加わったこと

で、直販の小売り、企業向けの事業にもつながっていった。

こうした成長の上に、新規事業が拡大。今後も次々に事業が生み出せる環境は、大きな持続的成長性を感じさせる。

実際、新規事業という成長事業が、売り上げに占める割合はどんどん拡大している。将来的には、新規事業の割合が、基盤事業を上回る可能性がある。

また、関家具の先進性のひとつとしても注目しておきたいのが、早くからＤＸを推し進めてきたことだ。日次決算のため、経理財務もデジタルで管理できるようになっているが、スマートフォンひとつで取引先から在庫確認や売約処理ができるリテールサポートシステムも作っている。

自動受注システムを自社で設計。オフィスのＤＸでペーパーレス化も推し進めた。業務の中でデジタル化できるものはコンピュータに任せ、人でなければできない部分に人を集中させるようにしてきたのだ。

実はここでも「社員のやりたいという気持ちを尊重する・任せる経営」を貫いていた。コンピュータ関連に強かった新卒社員に、システム作りを任せたのだ。

コンピュータの知識は社員のほうが自分よりずっと上、詳しい社員に任せてやってもらったほうがいい、と関氏は言う。自分が考えもつかないようなことを、若い人たちが進めてくれる、まさしく「社員は先生」なのだ、と。

社長が持っている能力以上のことを、社員がカバーしてくれる。だから、ますます企業として強くなれるのだ。

顧客満足度――総面積3500坪。3万点という圧倒的な品揃えの店舗

取引口座数3242口座、4732店舗。大手流通をはじめ、日本中のインテリアショップや家具店、ホームセンターなどに商品を卸している、まさに家具卸売業日本一の会社である関家具。取引先からの信任が厚いことは、言うまでもない。

取引先の倒産などで、代金が回収できなかったこともあった。その総額は5億円を超えるという。それでも担当者を叱ったりすることはしなかった。それは経営者の責任。社員に言ったらのびのびと仕事ができなくなるからだと関氏は語る。

一方で、取引先を大事にしてきた。廃業する取引先から、支払いをして商品を引き受けたりしていた。廃業するときにはお金が必要になる。少しでも、その足しになれ

ば、という考えからだ。

先に、婚礼家具メーカーの工場を社員ごと引き受けたエピソードを書いているが、こうしたケースも少なくなかった。

消費者向けの小売り事業も手がけているが、大川市にある大川本店は店舗が何棟もあり、家具のカテゴリー別になっている。総面積は３５００坪。３万点という圧倒的な品揃えが並び、九州一円から顧客が訪れる。

クオリティもデザイン性も良く、値頃感のある価格が大きな魅力だ。

組織力――関氏自ら毎日ＬＩＮＥで社員にメッセージを送る

「社員のやりたいという気持ちを尊重する・任せる経営」は、自律的に動ける社員集団を作り出している。関家具には、５００人以上の起業家精神を持つアントレプレナーが在籍しているといっても過言ではない。社内には、常にスタートアップの種が溢れている。

実際、新規事業を立ち上げているのは、営業部、商品部、店舗、広報業務、役員、若手、中堅、ベテラン、パート、顧問など、まさに全方位だ。

学歴も年次も関係がないが、美大卒の社員の開発が多少多いという。また高卒で開発経験やスキルがなくても、デザイン開発を行ったりする。趣味のスケッチがとてもうまかったから開発に、といったケースもあるそうだ。

新規事業を立ち上げるための研修のようなものはない。あっても、先輩のアドバイスくらい。相談できる文化があるが、背中をひと押しする程度。やはり本人の実力向上が重要で、現場で育ち上がってくることが求められる。

ただ、上長も部下が会社に提案することをすんなり許可したり、応援したりする。背景にあるのは、幹部全員が自分の得意とする分野において、第一線で会社を牽引するレベルで活躍してきた、たたき上げだからだ。得意であると判断されれば、飛び級の抜擢人事も行われる。

幹部は、提案を斜めから見たり、いきなり否定をしたりしない。ただし、事業化する際には、徹底的に調査分析を我流ながら実施している。

誰でも新規事業を立ち上げられるのは、関氏自らが常にメッセージを発信していることも大きい。社員全員に、LINEで毎日メッセージを送信している。実際に、こんな内容のメッセージが送られている。

「仕事上、希望、要望、提案事項があれば、何でも申し出てください。社内の調和を図り、希望を叶えるように全力で頑張ります。楽しくなければ仕事じゃないと考えています」

「社員の皆さんは社長の先生です。（中略）社員の皆さんから経営に役立つと思われるもの、ことに気づいたら大小にかかわらず、何でも結構です。教えてください」

また、毎朝、関氏が欠かさずに行っているのが、オフィスの練り歩き。社員たちから自慢話と称した「いい仕事」を聞いて回るのだ。それにより「社員のいいところ」をくまなくチェックしていく。ダイレクトにコミュニケーションを交わし、社員の声に耳を澄ましている。

そして提案があれば聞き、新規事業が失敗しても、社員を叱らない。新たなチャンスを与える。法に触れないものなら何でもいい、と語っている。

トップとコミュニケーションが取れ、トップに提案できる環境があることが、イノベーションを生む環境を作っている。

社員からの新規事業案には、原則Ｎｏと言わないのが、社長の方針。社員を信じて否定しないことが、アイデアの芽を摘まないことにつながっている。

新しいアイデアや提案からプロジェクトが始まり、それがやがて事業になっていく。

関氏から、毎日社員にLINEでメッセージを送信

関文彦

　社員のみなさんお仕事頑張ってくれてありがとう。
事業、会社経営の4大資源。
ひと、もの、カネ、情報と言いますが、最大の資源はやはり人です。
人は城、人は石垣、人は堀。と昔から、言われる様に人に尽きます。

私は社長として、現在518名の宝の人財を各自の長所、特技、スキル、
希望を生かして叶えさせたい気持ちでいっぱいです。
仕事上希望、要望、提案事項があれば何でも申し出て下さい、社内の
調和を図り希望を叶える様に全力で頑張ります。
楽しくなければ仕事じゃないと考えています。

　　　社長　関文彦。

関文彦

8月5日　金曜日。
社員の皆さんおはようございます。
私は500余名の社員の皆さんが安心して末永く働ける会社であるべく日
夜努力すると共に、
(社員の皆さんは社長の先生である)
の考え方に基づき社員の皆さんからビジネス第一線のメーカー、お客様のご
要望を聞き経営に活かして行きたいと考えて実践しているのであります。
経営の課題は時流の変化について遅れず、できれば流行の一歩先を行く
位の変化対応をやるべきです。
一方で歴史上素晴らしい偉い経営者である、渋沢栄一、松下幸之助な
どの考え方、実績を書籍を読み学んでいます。
社員の皆さんから経営に役立つと思われるもの、ことに気ずいたら大少に
関わらず、何でも結構です教えてください。

　　　社長　　関　文彦。

※原文ママ。肩書は発信当時のもの

フランクな風土の中で、新規事業を提案することを応援する文化がある。社員も、下から湧き上がるように新事業が生まれる文化を面白がっている。

こうした組織力が、新しいものを次々に生み出す成果を生んでいる。

社会性——日本全国から若い社員が家具の産地、大川に集まっている

日本を代表する家具の産地、大川には世界に誇る日本の家具作りの技術がある。日本一の家具の総合商社が、本社がある誇り高き家具の地で果たしている役割は極めて大きい。

また、家具業界というと、年輩者が働いているイメージを持つ人も少なくないようだが、関家具の社員の平均年齢は33・5歳。若い社員がたくさん働いており、全国から新卒者が続々と集まっている。衰退している家具の産地に、若い優秀な人材を呼び寄せているのだ。

そして若い人材は、関家具の持つ家具業界で培ったリソースをベースにしながら、イノベーションを起こしている。家具の世界に付随する、新しいポテンシャルを掘り

起こしている。

関家具の成長とはつまり、日本の家具業界の可能性を示すことでもある。

この企業から学ぶこと

●社員が「魂の入った仕事をする」大前提は「100％の心理的安全性」

多くの経営者は、社員が新規事業をやりたいと言ってきたとき、GOサインを出しながらも内心では「失敗するなよ」と思ってしまう。そして、社員が「うまくいきませんでした……」と報告をしてきた際には、厳しく接してしまう。

会社に損失を与えたという事実がある以上、企業経営の観点からも、その対応は決して間違っているものではない。

しかし関家具では、新規事業を発案した社員には、最初に「失敗してもいい」と伝えて背中を押すことにしている。そして、失敗の報告をしてきた社員に対しても一切咎(とが)めず、むしろ新たな挑戦を促す。この「そもそもの考え方、接し方の違い」が、新規事業の成否を大きく分けていると考えられる。

「失敗したら怒られる」と思いながら行う事業と「失敗しても構わないので思い切ってやるように」と言われて推進していくそれでは、成果に大きな差が出ることを、関家具は証明した。

また、日々社員に向けて関氏が発信しているメッセージで「社員は社長の先生。なんでも教えてください」「失敗してもいいから思いっきりやってください」と伝えている。それはいわば「100%の心理的安全性」につながるものと考えている。

経営者は「社員が指示を待たず自分の意志で、魂を込めて仕事をしてほしい」と考えがちであるが、その前提として「自分のやりたいことをやりたいと言っていい、それを後押ししてもらえる環境がある」ことが重要だ。

関氏は「自分は元々気の小さい人間」であり、日次決算とチェックを怠らないと言う。日々の売り上げ、数字を細かくチェックし問題がないことを確認しているからこそ、社員を信じ挑戦させる胆力が生まれる。実際、関家具は「大胆を実現する」ための「細かい施策」を創業以来積み上げ、55年連続黒字経営を実現している。

執筆：アカウントパートナー室　ディレクター　南原 繁

Chapter
03

グレートカンパニー
アワード2021
業績アップ賞

モデル・パッケージ」
ドミナント、
よる展開

——リバティ

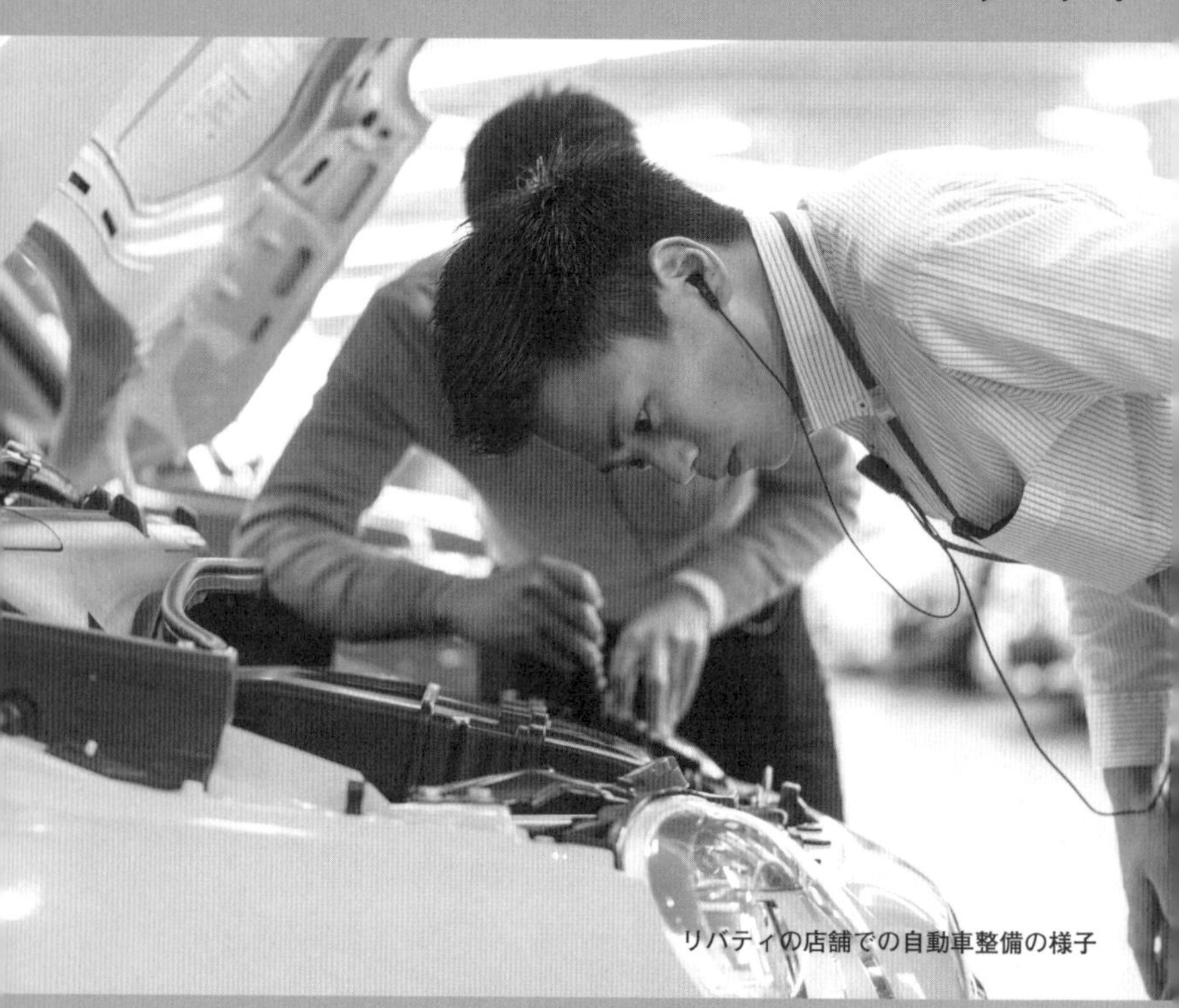

リバティの店舗での自動車整備の様子

自動車の販売だけでなく、車検やメンテナンスなどのアフターフォローによる収益化で業界平均を上回る高利益率を達成。直近15年で売り上げ10倍、利益20倍、15年連続で増収増益。グループ連結の年間売上高は約300億円。M&Aでも、異例と言える「超友好的買収」を実施。「リバティだけでなく、買収先のオーナー、従業員も幸せなグループ」としてさらなる成長の加速を実現している。

リバティ代表取締役社長　蓮尾耕司氏

「勝てるビジネスの確立と、M&Aに

秀逸なポイント

確立した成功パターンを広げ、
それぞれの場所で「地域一番店」になる

□販売で顧客を創造し、ロングスパンで収益化

→　軽自動車を原価で販売し、整備や車検、修理、保険で高収益＆継続的な受注

→　そのビジネスモデルをさまざまなエリアに展開し、成長

□Ｍ＆Ａで成長を加速

→　「リバティのビジネスモデルを適用できる」ことを条件に買収

→　赤字でも「買収した企業の従業員の信頼関係構築」を第一義に、時間をかけて収益化

□「人を信用する」人材育成・採用

→　新卒採用に力を入れ、会社が目指すもの、やり方を実現してもらう

→　「人間には誰でも潜在能力がある」と大胆な権限移譲を行い、人材を早期育成

企業プロフィール　株式会社リバティ

業務内容：自動車販売・車検整備および周辺事業
所在地：京都府久世郡久御山町森大内
創業：1996年
代表者：蓮尾 耕司
資本金：8,325万円
従業員数：650名（グループ合計　パート・アルバイト含）〈2023年2月〉

業界の姿①自動車販売――M＆Aを通じて、自社の成長や規模拡大につなげる戦略

今、日本の中小企業の約127万社で後継者がいないと言われている。そのうち約60万社は黒字企業である。そこで注目されているのが、事業承継としてのM＆Aだ。レコフデータによれば、日本で公表されているM＆Aの数は、4000数百社。しかし、これは公表されているデータにすぎない。実際にはこの数倍の規模になると考えられている。しかも、年々その数は増えている。

後継者がいない企業は、廃業という選択肢もあるが、黒字で利益が出ている状態であれば、廃業して残った財産を配当として自分たちに割り振るしかない。その際の課税額を考えれば、M＆Aで譲渡したほうがはるかに税的メリットがある。したがって、廃業するよりは、譲渡したほうが企業にとっての利点は大きい。

また、従業員の雇用という観点で見ても、廃業してしまえば、従業員は働き先がなくなってしまうが、M＆Aで譲渡すれば雇用はそのまま維持される。さまざまなステークホルダーについて考えても、廃業よりは譲渡できたほうがいい。

一方で今、買収する側にとって大きなポテンシャルを持ち始めているのが、こうした事業承継型のM&Aを通じて、自社の成長や規模拡大につなげていくという戦略だ。後継者がいない、あるいはオーナーが引退したい、会社を譲りたいといった企業をM&Aし、自社のノウハウを注入して伸ばしていくのである。

その大きな利点は、時間を買えること。これから大きな投資をして新しい会社や事業を作り、売り上げを立てていくことを考えれば、同じ金額を投資して会社を買ったほうが結果が見えやすい。同業種であれば、自分たちのビジネスモデルに当てはめればこうなる、ということがわかっているし、利益も読めてくる。新規出店のコストとリスクを考えれば、M&Aには大きな魅力がある。

まさにこのM&Aを活用して、非連続的な成長を目指し、成長を加速させている一社が、京都にある中古車・軽自動車販売・修理業を営むリバティだ。M&A戦略で事業を拡大させていくことは、同社の中期経営計画にも盛り込まれている。

リバティは96年に京都で設立。京都を中心に滋賀・大阪など関西圏で14店舗を展開しているが、関西圏以外でも、北海道、神奈川、新潟、石川に計5店舗を展開する。これらは、中古車販売に取り組むも経営不振や後継者不在に悩んでいた4社をM&A

でグループに取り込んだものだ。また最近では、M&Aではなく事業譲渡という形態で、四国エリアでも3店舗をグループに取り込んでいる。

M&A相手からの信頼で「超友好的買収」を実施、「買収先のオーナーと従業員も幸せになるグループ」としてシナジーを創出している。

実際、リバティのノウハウを導入しながら、従来の立地と社員のポテンシャルを最大限に引き出し、4社すべてにおいて業績を向上させた。3年で売り上げが3倍に伸びるという好循環を生み出した会社もある。

リバティグループ全体としても業績は好調で、直近15年でおよそ売り上げ10倍、利益20倍という驚異的な数字を叩き出してきた。グループ連結の年間売上高は約300億円に達している。

業界の姿②——成熟した業界に生まれた常識を破壊するモデル

自動車販売業は、かなり成熟した業界である。業歴が長い会社が多く、大きな売り上げ成長を見込むことも難しいが、大きな売り上げ減に見舞われることも少ない。そんな成熟業界で、リバティは着実な成長を遂げてきた。

中古自動車販売の世界は、中長期でビジネスの動向や商売の仕方が大きく変わっていくという特徴がある。その変化にうまくついていくかどうかが、成長力を分ける。リバティは創業した頃は、メインの商品は普通自動車で、高級車の中古品を扱っている時期が長かった。しかし、この20年で一気に軽自動車にシフトした。この間、軽自動車は、中古車も含めて普及度合いがかなり高くなった。この成長市場の拡大の波に、まさにうまく乗ってきたのである。

実際、普通車のマーケットは伸び悩んでいるが、軽自動車のマーケット内でのシェアは、この20年で約15％上がっている。軽自動車へのシフトがなければ、ここまでの売り上げ規模にはなっていなかった可能性が高い。

また、業界における商売の仕方も、約5年おきで変化していった。２０００年代後半から２０１０年代半ばまでは、オークションで車を大量に買い、仕入れ価格に利益を上乗せして販売する方法が主流だった。

そこに主流の方法ではなく、仕入れた金額以下の値段、つまりそのままでは赤字になるような値段で販売していくという、業界の常識を破壊するような商売が登場した。

車本体ではなく、それ以外で収益を上げるというビジネスモデルである。

このビジネスモデルは、オークションで欲しい中古車が大量に出てきている状況下だからできた。オークションは事業者にとっては平等な環境だからこそ、リバティもあえて非常識を取り入れた。そして2010年代半ばからは、新車ディーラーが中古車事業を強化したことで、良質中古車のオークション出品が減った。さらに大手中古車チェーンの買取事業が急成長し、オークションで欲しい中古車がさらに買いづらくなった。だからこそ、オークションに頼らず、顧客から注文を受けて新車ディーラーから直接新車を買いつけるというビジネスをリバティは取り入れていった。

リバティはいち早く業界の変化に対応し、常識破壊のビジネスモデルや方法を取り入れ、成長を大きく加速させる注目企業の一社となった。

ただ、コロナ禍が始まった頃から中古車販売は売り上げが増加し、さらに半導体不足による新車の生産遅延問題などが出てきた。中古車価格の相場は異常なほどに高騰したが、その後、暴落。さまざまな情勢変化で安定的な商品仕入れが難しくなってきており、新たな変化への対応が求められるタイミングになってきている。

理念・ビジョン――お客様と社員がＷｉｎ－Ｗｉｎになる

リバティの理念は「お客様と社員がＷｉｎ－Ｗｉｎになる」顧客には喜ばれ、感動してもらえるようなサービスを提供する。社員には物心両面での幸福を感じてもらう。そんな会社にしていこうという理念を掲げて、経営が行われてきた。

この理念が作られたのは、会社設立から3年目の99年頃。創業者であり社長の蓮尾耕司氏が迷っていた頃だという。

社員が３人、５人と増えていったが、理念も社是も社訓もなかった。ただただ車を売って、お金を稼ぐ。みんなで生活をする。ただそれだけだった。しかし、その先を考えれば、このままでは済まないと思うようになっていった。

会社の成長に伴い、新しい社員がどんどん入社してくる。経営者として、社員を雇用していかなければいけない責任はより大きくなっていく。

また、それまでに車を販売した顧客は、少なからず会社を信頼してくれていた。ここまできたら、もう事業を辞めるわけにはいかない。継続していかないといけない。

そう腹をくったのだという。

そして、経営においての羅針盤、目指すべき道しるべのような明確なものを文章化しようと考えた。こうして生まれたのが、経営理念「お客様と社員がＷｉｎ－Ｗｉｎになる」だった。

中古車販売会社は、安く買ってきたものを、どれだけ高く売るか、という思考になりがちだ。しかし、この理念があれば、単純にそうはならない。

実際、**理念に合わない事業は、いくら儲かっても、やらないことにしてきた**。儲かる仕事はたくさんあるが、理念に合わないならば、いくら儲かってもやらないようにしているのは、この想いがあるからだ。

また、中古車販売の営業は、固定給に加えて高く売った分だけ収入が増えるインセンティブ制度が採用されていることが多い。結果として、このインセンティブに引っ張られて、営業はどれだけ高く売るか、という思考になりがちだった。

しかし、リバティは普通の中古車販売会社がやっている、このマージンインセンティブという制度を廃止している。これも、「お客様と社員がＷｉｎ－Ｗｉｎになる」という理念に基づいたものだった。

それでもいずれの店舗も収益化している。加えて離職率が10％以下と、業界平均と比べて低い。

ビジネスモデル――単なる販売だけではこのビジネスには限界がある、と気づいた

車の相場価格は、顧客がカー情報誌やカー情報サイトを見ればすぐにわかる。そんな中で、常識外れの低価格を設定すれば、安くていい車を求めている人が一気に集まる。大量に集客をすることが可能になり、販売機会が増える。中古車販売業界では、こんな常識破壊のビジネスモデルが展開されるようになった。

場合によっては仕入れ値以下で販売することになったり、薄利多売となるが、顧客ストック型のビジネスを構築し、周辺で収益機会をたくさん作っておくことで、収益力を高めていくことができる。

まさに、このビジネスモデルを展開しているのが、リバティだ。

中古車販売業の平均の営業利益率は2％台だが、リバティは3％台と業界平均以上になっている。安売りをしては儲からないという業界の常識は、完全に覆っている。

競合店は価格を合わせることはできても、利益を合わせることはできない。だから、そう簡単に追従してくることはない。

リバティ創業者の蓮尾氏が、軽自動車という伸びるマーケットにビジネスの舞台をシフトしていったことはすでに書いているが、09年にはすでに販売だけではこのビジネスには限界があるという気づきを得ていた。アフターサービスもセットにして取り組まないと顧客と経営の安定化は図れないと確信し、業態を改めていったのである。

こうした経緯を経て、**販売することで顧客を創造し、その後は整備や車検・修理、保険までをワンストップで担う店舗として信頼を得ていくモデルを作り上げた**。社内では、「LIBERTY TOTAL CAR LIFE SUPPORT」の略で「L˙T˙S˙」と呼んでいる。このストック型のビジネスモデルも、従来の売り切り型が主流の中古車販売店では真似できる企業がほとんどいない。中古車業界大手と比較しても、サービス収益率が高いのもリバティの特徴である。こうしたトータルの仕組みを作ることが、顧客基盤だけでなく経営基盤の安定をもたらすことになった。

リバティは、これまですべての店舗に整備工場を併設している。整備や修理も含めて長くお付き合いできる運営を目指した結果、必然的に多くの店舗が地域を代表する

「軽自動車の原価での販売」で顧客と接点を作り、継続的に収益化していく

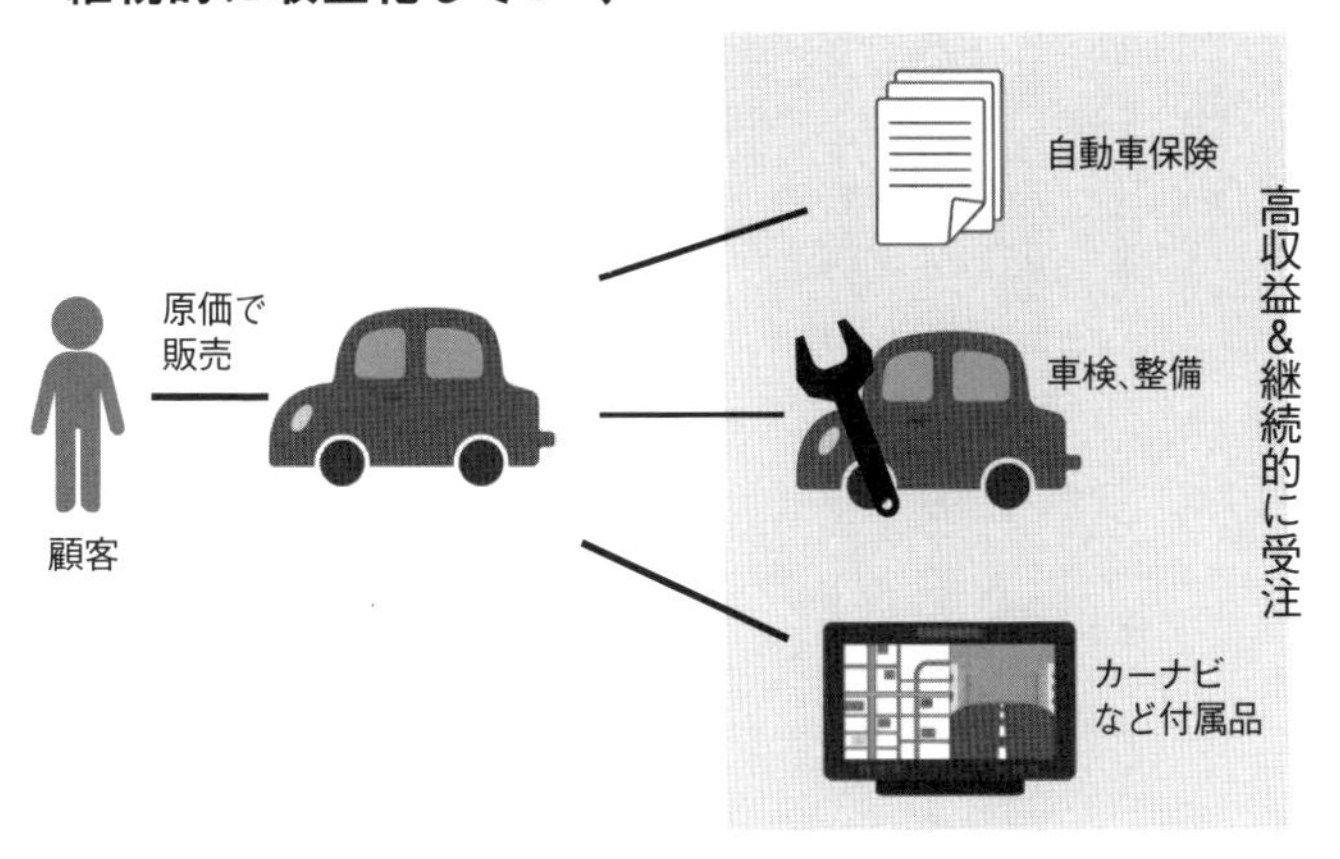

LIBERTY TOTAL CAR LIFE SUPPORT＝L.T.S.

「リバティのビジネスモデル（「L.T.S.」）をドミナント＆M&A した先に展開

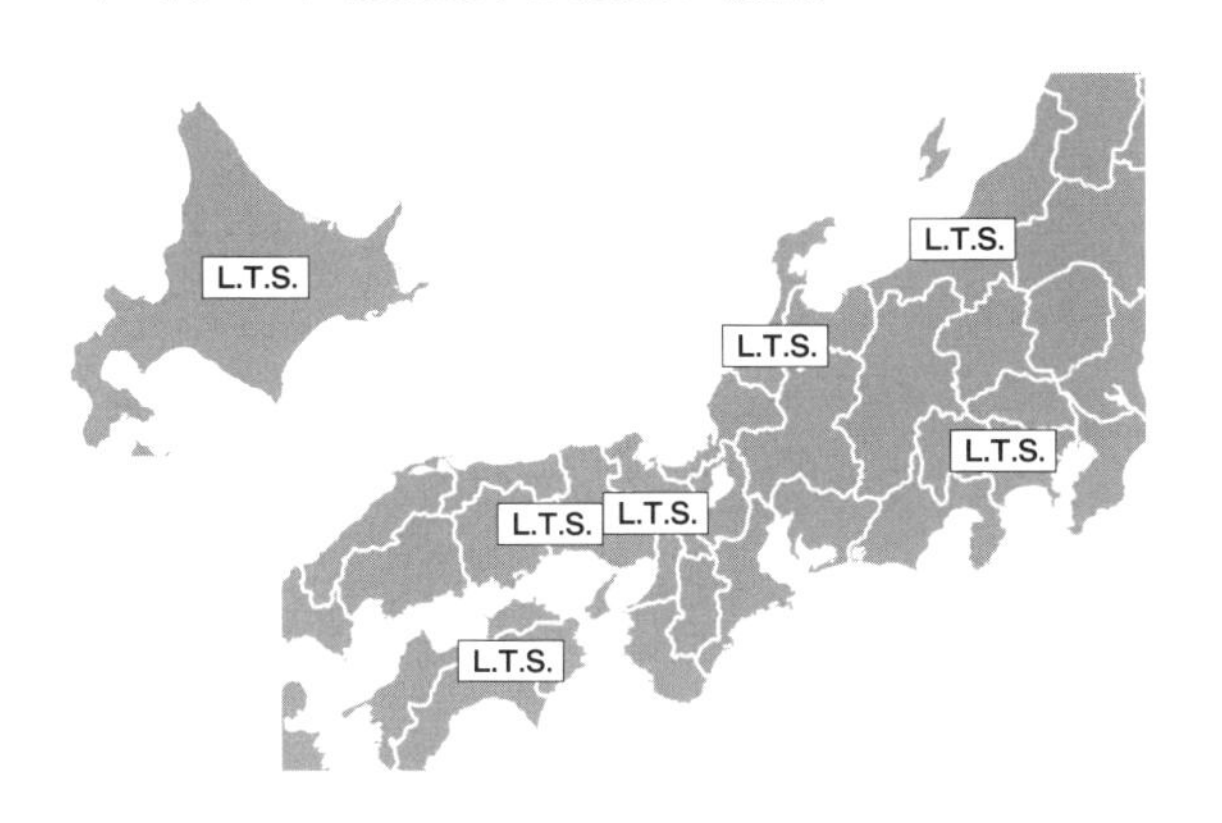

販売台数・車検台数・顧客数を有する店舗になった。これと常識外れの低価格戦略をミックスさせたのだ。

かつてはチラシやミニコミ誌などの紙媒体で行っていたPRと集客の働きかけも、今や検索エンジンを主としたWebのリスティング広告はもちろん、YouTubeなどのSNS媒体での広告にシフト。あらゆる方策にスケールメリットを生かしている。

どのくらいの商品を仕入れ、どのくらいの値づけをして、どのくらいの販促広告費をかければ、どのくらいの販売台数、どのくらいの売り上げ、どのくらいの利益が出るか、というビジネスモデルのパッケージ、「成功するビジネスモデル」が確立されている。

「このモデルで新たに出店すればうまくいく」ができあがったことで、これを新規店やM&Aを行った店舗に持ち込んでいくことができた。

そして規模を拡大するという点で、蓮尾氏の経営センスが花開くことになる。多くの経営者は、上がった利益を貯めてから新たに出店することを考える。これが安全な拡大の方法だからだ。

しかし、蓮尾氏はそうは考えなかった。人生は一度きり。現役の時代が100年も

200年もあるわけではない。現役でいられる時代は、せいぜい30年。その中で、「自分はここまで成長したい」と思っているなら大胆なやり方をやるしかない、と考えたのだ。

利益の中での成長では、大きな成長はない。ビジネスモデル上、絶対にうまくいく、他の場所でもできるという確証を得ているのなら、お金を借りるのを怖がって事業規模拡大の欲求を抑えるより、お金を借りてでもやりたいことをやったほうがいい、という意志決定をしたのである。

10億円以上の融資を受けたときも、まったくと言っていいほど、不安を感じなかったという。それより、大きくできるワクワク感、楽しみのほうが勝ったと語る。

こうして関西圏での14店舗は、かなり早いタイミングで出店戦略を考え、ドミナント出店を行ってマーケットを一気に押さえた。

リバティは出店した場所すべてで成功しているが、出店時の立地の選定に関しては、当初、参考にしたものがあった。土地を見たとき、たくさんの顧客が来店している姿がイメージできるか、ということに加え、ニトリ、イオン、ヤマダデンキなど成功している大手小売業が近所にあるかを見た。大きな会社がリバティよりも深く分析した結果、出店した場所だからだ。

また、「ここは成功する、この場所はいい」という「感覚」「におい」を重視したという。今は立地調査をし、会議を経て役員会で出店を決断しているが、数字には出てこない「感覚」は今も大事にしているという。**現在は、「地域一番店になれる」ことを前提条件として出店を考えている**。

そして18年頃からは、エリアを飛び越え、シナジー効果が出そうなところはM&Aを行っていく動きに切り替えた。現在、4社がM&Aでグループインしているが、1、2年おきに1社がグループに加わっている。

リバティのビジネスモデルを語るとき、欠かせないのが、新卒採用と大胆な権限委譲を行うマネジメントだ。

リバティは早い段階で新卒採用を行うようになった。中途採用と異なり、過去の経験にこだわりのない新卒は、会社が決めたやり方をきっちり守って仕事をしてくれた。これが、成功するビジネスモデルを確立する上で、大きな意味を持った。

また、車の売り方がわからない入社したばかりの新卒でも、しっかり売り上げを作り、利益を出していけるような教育に力を入れたことで、ビジネスモデルをより強固なものにすることにつながった。

整備工場を新たに併設したり、新しい店舗を作るとき、一般的な会社なら、任せられる人にしか任せないという考え方がある。しかし、リバティには、「とりあえず任せてみよう」という発想がある。

蓮尾氏の考え方は、「人間には誰でも潜在能力がある」というもの。その人が持っている能力を引き出したら、まだまだ力を発揮できる。その能力が発揮されるかどうかは、環境によって決まるのだと語る。成長できる環境をどんどん与えていくということだ。

本人が経験したことのないことにチャレンジしてもらうが、最終的に成功すれば、それは本人の自信になる。新しい能力が引き出されるのだ。実際にリバティの社員は、与えられたポジションとともに成長していくことになった。

最初に整備工場の責任者を委ねたのは、営業担当者だった。任されたと感じた担当者は、見事に工場を立ち上げた。人員がおらず、新卒ばかり8人の部下と新しい店を任された営業リーダーもいた。車の売り方を知らない新人を率いて、あの手この手で懸命に店舗を立ち上げた。

人間にはもともと能力がある、だから何とかするのだ、と蓮尾氏は語る。経験化されるとその精度は上がり「何とかなる」となり、次は「安定」する。こうした人材が育っていった店が、大きな収益を生み出す店舗に化けていく。

だから、任せてみる。やってみないとわからないから、やれそうな人に早めに任せていく。こうして、人材が早く成長した。今も、大胆に権限委譲するマネジメント文化は、大きな強みのひとつになっている。

歩んできた道——高級車の販売から、時流を見て軽自動車にシフト

創業者の蓮尾氏は、20歳のときに自分の人生を真剣に考え、将来は独立して自分で商売をしよう、という誓いを立てた。23歳で結婚。96年、28歳のとき、それまでの7年間の会社員生活で貯めた資金500万円と、銀行からの借入金500万円を元手に起業した。

事業は小さな中古車センター。創業間もなくから、クラウンやセルシオといった高級車を扱い、売り上げは右肩上がりに。以降、売り上げが前年を下回ったのは、一度

しかない。

08年からは1年に1店または2年に1店のペースで店舗数を拡大していく戦略をスタートさせた。同時に、かねてから続いていたデフレの波にリーマンショックの衝撃が加わった時流を見て、「これからは維持費が低く抑えられる軽自動車の売り上げが伸びていくのではないか」と予想した。

「こちらは、何のお店ですか？」と聞かれたときに、「中古車の店です」ではなく「中古の軽自動車を専門に扱う店です」と言えるように業態をシフトしていった。

マーケットでこれから何が伸びていくのか、時流適応は極めて重要だが、ともすれば経営者は自分の好みで考えてしまうことがある。自動車販売も、経営者によっては、やりたいこと、やりたくないことで事業を見てしまうのだ。

例えば、輸入車や普通車が好きな経営者の中には、軽自動車は扱いたくない、という人もいる。あんなおもちゃのような車は扱いたくない、大衆に迎合するような車は扱いたくない、という発想である。

だが、変化の激しい時代に、こうした発想は命取りになりかねない。自分がやりたいビジネスにこだわり、２０１０年代になって、廃業を余儀なくされた事例も多い。

リバティの場合も、蓮尾氏や幹部社員が個人的に軽自動車を好きだったというわけではないが、顧客に選ばれ、喜ばれるビジネスとして、これからは軽自動車販売が適切だという認識をし、すばやく参入した。この判断の差が、成長力において大きな差を生むことになった。

実際、軽自動車を専門とするビジネスモデルで店舗数を拡大していく戦略を取り始めてからは、一気に業績が伸びた。追い風は、デフレや不況だけではなかった。アップルがｉＰｈｏｎｅを発売、家計にはスマートフォンの購入費や維持費が加算されるようになり、出費の見直しが加速したのだ。

さらに、家計を支えるために主婦だった女性が働きに出るようになり、高齢化も進んだ。ひと昔前と比べると、生活の足として車を利用する女性と高齢者のドライバーが増えた。デフレや不景気だけでなく、スマートフォンの登場、人口動態の変化、就労環境の変化などの要素が絡み合って、中古の軽自動車を買い求める指向が高まっていったのである。

その後、アフターサービスをセットにすることで顧客と経営基盤を安定させていく。整備工場ができて顧客との接点が増えたことで、顧客満足度を意識する社員が増え、結果的に顧客に感謝されるようになり、社員は以前よりもやりがいを感じながら働けるようになった。

店舗は関西圏で14まで拡大。関西圏以外では4店舗がM&Aでグループ入りし、四国でも3店舗をグループインした。コロナ禍でも、グループで過去最高売上・利益を記録している。

収益性――業界平均以上の営業利益率の背景に「減らす決断」

常識外れの低価格戦略で大量集客をすることが基本のビジネスだが、周辺のビジネスが大きな収益を上げている。中古車販売業の営業利益率の平均は2％台の中、リバティは7％台をつけることもある。実に業界平均の3倍以上である。

周辺ビジネスの収益としては、整備やメンテナンスがわかりやすいところだが、驚くべきは自動車保険の販売量だ。保険の売り上げだけで6億円以上ある。保険は手数料がそのまま収益になるため、利益としては大きい。

なぜこんなに保険が売れるのかというと、ここでも売り方のパッケージが確立され

ているからだ。自動車保険は、どの保険会社も似たような商品を持っている。しかし、リバティは「この保険会社のこの商品しか売らない」と絞り込み、提案力を上げているのだ。

もっと言えば、絞り込むことで「私たちは本当にいいものしか提案していません」というメッセージになり、顧客からの信用度が高まっていく。

また、たくさんのラインナップを見せるより、「お客様にぴったりなのはこの商品です」と、繰り返し繰り返し提案していくので、社員の提案力も自ずと上がっていく。

一般的には、「いろいろなメニューを揃えておいて、お客様に選んでもらったほうが売れやすいのではないか」と考えてしまうが、実はそうではない。こういうときに、削る決断、減らす決断ができるのは、伸びる会社の特徴のひとつでもある。まさにリバティがそうだ。

「他のものはいらない。当社が売りたいものは、最もお客様に満足してもらえる、この商品だけ。だから、それを売っていこう」という決断ができるか。こんなふうに、大胆に他の選択肢を捨てられる会社は実は多くはない。

「パッケージ化」がリバティの強み

扱う商品の数が多いと顧客は迷い、販売員もすべての商品についての知識を身につける必要がある

リバティが売る自動車保険

もっとも良い1つの商品を販売することで顧客は迷わず、販売員の説明力もアップし、より売れる

持続的成長性——M&A成功のノウハウ、ポイントは「人」にあり

新卒採用で入社した人材は大きく成長している。新卒から5年以上経験することで、営業力が大きく高まり、この10年、15年の商談成約率を見ると、15%は上がっている。新卒を中心に、営業担当者のキャリアが深まることで、今後ますます成長性が高まることが予想される。

また、何より変化に対応する力が優れている。営業インセンティブのような、業界で慣習とされてきたことも、顧客のため、社員のためを考えて、すばやく廃止してしまったことも大きい。

自動車業界は今が転換期だと言われるが、問われてくるのは、過去の勝ちパターンや成功パターンを捨てる決断ができるかどうかだ。それが、これから10年先、20年先も持続的に成長できるかの分かれ目になるかもしれない。リバティの変化対応力は、この点でも大きな力を発揮することになるだろう。

そして今後の成長力を考えたとき、強みになるのが、すでに4つのM&Aと1つの

4社すべてで成功している
リバティ式M&Aのノウハウ

- 買収の条件は「リバティのビジネスモデルを適用できる同業者」
- それが可能ならエリアは問わず、赤字でも構わない
- 目先の赤字改善よりも、買収した企業の従業員との信頼関係構築から着手し、休みや給与などの条件はリバティのそれと同一にする
- 売却する側の企業の経営者も、希望すればこれまでと同様に継続して経営に参画できる
- 引退を希望する経営者には買取金額増額を提示する

事業譲渡を成功させていることだ。成功するビジネスモデルのパッケージや培ってきたマネジメントを展開することで、買収された会社が活性化しているが、こうしたM&A成功のノウハウも、リバティは着実に蓄積してきている。

M&Aは同業しか行わない。黒字、赤字は問わず、立地や規模などで伸びしろがあるかどうかを見る。伸びしろがあれば、赤字でも自分たちが培ってきたビジネスモデルをはめ込むことで成功する自信がある。

そして、買収に際して、気をつけなければならないのは、「人」だと蓮尾氏は語る。M&Aは、会社を買うだけではなく、会社の中の顧客や従業員をセットで買うことを意味するからだ。

従業員に不安がられたり、やる気をなくされてしまったら、買収はたちまち失敗する。**コツは、残された従業員との信頼関係を先に作ること**。

買収先に、いきなりリバティの社員が乗り込んでリストラしたり、無駄なものをカットしたり、経営の改革に手をつけたりするのはリスクがある。

時間は十分にあると考え、急がない。赤字であっても、赤字が1年くらい続いてもそう影響はないと考える。目先の売り上げ、収支改善よりも、まずは信頼関係を作ることから始める。そのほうが、あとから一気に伸びるのだと蓮尾氏は語る。

まずは人の力を最大限に引き上げたほうが、長い目で見れば早いのだ。**うまくいくためのノウハウはすでにある。あとは、買収された会社の従業員が、そのノウハウ通りにやってくれるか、**なのである。

いくら立派なノウハウがあっても、実際にそれに従って動かなければいけないのは、買収された会社の従業員。従業員にその通りにやってもらうためには、まずは信じてもらうことが求められるのである。

顧客満足度――販売台数の2倍以上の車検台数がある

中古車の販売実績はさることながら、注目したいのは、整備の台数や収益である。他の中古車販売会社よりも、明らかに多いからだ。

上場している中古車販売大手でも、販売台数より車検台数は、同数程度か少ないのが普通である。しかし、**リバティは、販売台数の2倍以上の車検台数がある。**販売で支持してくれる顧客のみならず、整備でも支持してくれる顧客がたくさんいるということだ。

そして、整備による売上総利益（粗利）は、全体利益の中でも高い割合である。中古車販売といえば、車の販売にイメージが向いてしまうが、実は整備も大きなビジネス要素。このビジネスで、大変な支持を得ているのが、リバティなのだ。

車検に関しては、「短時間車検」を売りにしているフランチャイズに加盟し、シフトしていった。今でこそ短時間を売りにする車検サービスも多いが、リバティが導入した頃は、まだまだ少数派だった。しかし、時流はそちらに向いている、という判断がここでも素早くなされた。

短時間車検は「安く速く安心」というビジネス。これは、軽自動車の顧客やビジネスとシナジーがあったことも大きい。

組織力――成長力への期待によって、人材が集まってくる

新卒の比率が高いため、統率力が保てている。新卒で入社したメンバーが、今は店長クラスとなっていて、キャリアアップの道筋が周りの社員から見てもわかり、若い

社員のモチベーションアップにもつながっている。

また、部長以上の管理職の推進力の高さも大きい。現場でしっかりとやってきた管理職が多いので、すべてをよく理解している。蓮尾氏という経営者についてもよくわかっており、ビジネスの動きについての理解度も速い。これが、決まったことの推進力につながっている。

また、ビジョンが明確であるため、新卒採用の人材を引きつけることにつながっている。蓮尾氏は常々「日本一を目指す」と語っており、会社が目指すゴールが明確にある。

業歴は30年以上あるが、自分たちはこれからもベンチャー的に成長していく、というメッセージが社員に対しても、これから入ってくる人たちに対しても発信されている。成長意向をこれだけはっきり社員に伝えている中小企業は多くはない。

現在、売上高は約３００億円だが、いつまでに１０００億円にしたいといった目標も語られている。その成長力への期待が、人材が集まってくる要素のひとつになっている。

これまでは安定的に出店を繰り返してきたが、M&Aを始めた頃から、売り上げがぐんぐんと伸びることを実感しているという。これが人の採用や定着にも大きく影響していることもわかってきた。

ＩＰＯも目指しているので、もっと成長しなければならないと考えている。そして成長力が高ければ高いだけ、人が集まってくるということに気づいている。

社会性――超友好的なＭ＆Ａをエリアを超えて行う価値

中小企業にとって大きな課題となっている、後継者がいないという問題。リバティは、良好なＭ＆Ａという形でそれを解決できる力とノウハウを持っている。しかも特筆すべきは、エリアの遠く離れた企業のＭ＆Ａも成功させていることだ。

一般的には、Ｍ＆Ａは地元に近い会社でなければ検討しない企業も多いが、リバティは日本全国の企業まで間口を広げている。そこから、いい案件情報が入ってくるようになっている。

何より、超友好的なＭ＆Ａは、多くの企業や仲介会社に知られるところとなっている。社長の座を奪うことのない、資金援助的なＭ＆Ａの場合もある。

また、M&Aした企業に利益が出ていない場合でも、休みが少なければ休みを増やし、給与も上げるのが、リバティ流だ。赤字が増えても、まずはそれをやる。従業員に「この会社と一緒になれたことで、自分たちは良くなった」と先に体験してもらうことが大事だと蓮尾氏は語る。

買収先に対して、自社の社員と同じくらい良くなってもらいたい、というところからスタートするのがリバティ。姿勢として先に誠意からスタートする。こんなM&Aを行う会社が、日本にあるのである。

この企業から学ぶこと

●「業界の常識」を疑い、捨て去る力

自動車販売業は一般的に「うちの店がメインで売るものは自動車で、保険や車検、整備や付属品などは車の〝ついで〟に売れるもの」と、考えていることが多いもの。それが「業界の常識」である。しかし、リバティは時代の変化を読み取り、そのような常識を疑い、思い切って捨て去ることで急成長を実現した。

車の販売は「創客」顧客との接点のきっかけと考える。だからこそ、この部分だけで儲けは出さなくていい。車の販売額は原価か原価以下なのだ。そのような思いと戦略は、社員にも浸透している。そのため社員は、保険や車検を同業者よりもはるかに多く売る。これがリバティが構築した、勝ち筋が明確なビジネスモデルだ。

また、顧客に提案する保険を絞り込んでいることも、業界の常識を疑い、捨てる勇気があるからこそ実現できている。「自動車以外の商品は〝ついで〟」と考えていると、保険については「各社からこのような商品が出ています。どれも良いもので

す。お好きにお選びください」というセールスになってしまう。

「保険販売がメイン商品」という発想があるからこそ、「似たような商品が多々ありますが、わが社では徹底的に調べて、これを最も良いものとお勧めします」と案内する言葉にもウソがなく顧客を納得させ、顧客満足にもつながっていく。

リバティは創業時、中古の高級車を扱っていたが、時代の変化に伴い「中古の軽自動車の販売」へと業態をシフトした。嗜好品の高級車から、人々の生活のための軽自動車へ重点商品を変化させたのだ。

このような戦略変更を、リバティは何度も行ってきた。だから現在の挑戦する企業風土が生まれている。また「中古の軽自動車販売」も変化させ続けている。新たな店舗では中古の普通自動車や新車の販売も行うなど、勝ちパターンを作り上げたあとでも、ビジネスを磨き上げるために常に新たな模索をしているのである。

勝てる形を確立しながらもアップデートを続ける。それがリバティ流であり、社員に定着している。だから今後の成長への自信は揺るがない。

執筆：モビリティ支援部　マネージング・ディレクター　服部　憲

Chapter 04

グレートカンパニー
アワード2021
社会貢献賞

ティブファクター」院長のワンマンを排し、メリットを享受

――仙台消化器・内視鏡内科クリニック

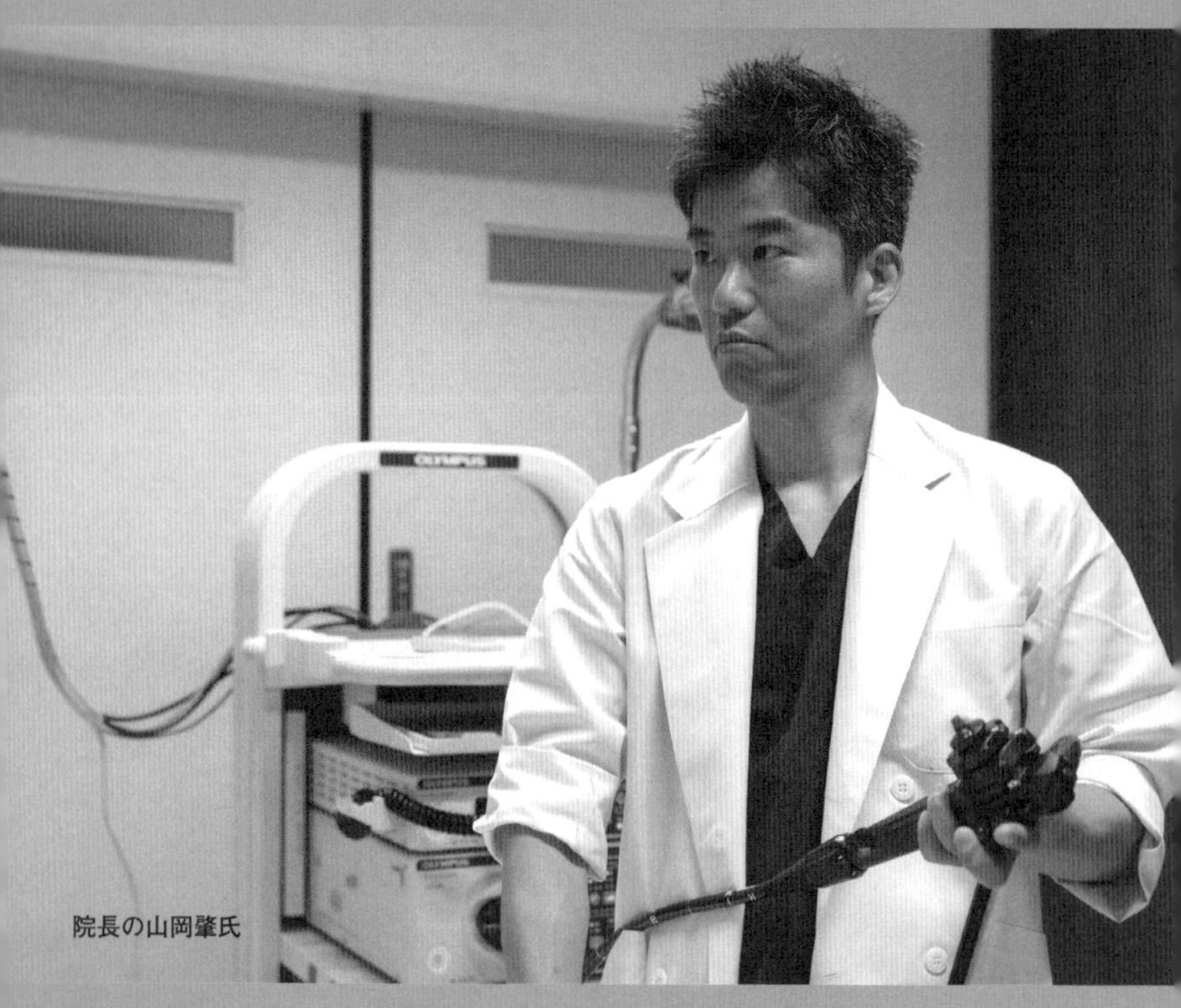

院長の山岡肇氏

全国トップレベルの検査環境を整備し、「痛そう」「恥ずかしい」「忙しくて受けている時間がない」など、患者が内視鏡検査を受けないあらゆるネガティブ要因を解消して、内視鏡検査の受診者数を増やしている、全国トップクラスの医療施設。「胃がん・大腸がんで亡くなる人を0（ゼロ）に」を理念に掲げ、実際に多数の大腸がんを完治可能な早期段階で発見しており、今後はより高度な医療を提供するための大規模化を目指している。

商圏の「ネガ
をすべて解決、
大規模化の

秀逸なポイント

「専門性の絞り込みと磨き上げ」で差別化し、
顧客の支持も組織力も高める

□非常に速い成長

→　毎年 120～140 ％で受診患者数が増加

→　開業から３年で２院目を、６年目で３院目を立ち上げる

□「患者が内視鏡検査を受けない理由」をすべてクリアし、失注原因をなくす

→　「痛み」「羞恥心」「下剤」「時間」「安心感」「治療力」の６つすべてに対応

→　駅近の大型施設で開業し、最新の高額機材を導入するなどの大規模投資で差別化

□従業員一人ひとりが力を発揮する組織の構築

→　評価制度を自力で構築し、言語化、数値化した明確な評価基準を策定

→　医師が複数人いる体制を確立し、医療の質を高めると同時に、医師の就労環境も良好にする

企業プロフィール　仙台消化器・内視鏡内科クリニック

業務内容：消化器内科
所在地：宮城県仙台市泉区泉中央
創業：2018 年
代表者：山岡 肇
資本金：ー
従業員数：64 名〈2023 年 6 月〉

業界の姿①クリニック――経営成長のスピードが異常に速いクリニック

医療クリニックのビジネス面での大きな特徴は、一般的な商業とは違い、ニーズが必ず発生するということである。体調を崩す人は一定数、必ず存在する。そして売り上げに対して7割を国が負担してくれるため、適切な経営をすればクリニックが売り上げを伸ばすことに困るケースはあまりない。

一方で、閉院するクリニックが大変な勢いで増えており、M&Aも拡大している。背景にあるのは、医師の高齢化と集客の方法が変わってきていることだ。Webによるマーケティングをしっかりできているかどうかで、集客の結果は大きく変わる。

実際、この10年ほど、患者がうまく集められなくて困っている、という医院が出始めた。しかし、まだ牧歌的な状況だった。だが、コロナ禍を機に、情報化社会が一気に加速したことで状況がさらに変わった。

今やYouTubeしかり、セミナーしかり、開業医向けの情報提供プラットフォームが整備されていったこともあり、Webマーケティングが当たり前の状況になっている。さらにそこから一歩踏み込んで、クリニックの経営をどう進化させていくか、というステージに入ってきている。

仙台消化器・内視鏡内科クリニックは、まさに先端的な経営がしっかりと行われているクリニックである。18年に宮城県仙台市で開業。分院展開できるクリニックは一握りだが、開業3年目には2院目をスタート。開業6年目となる23年は3院目を立ち上げることがすでに決まっている。

経営成長のスピードが異常に速いことは、受診患者数や内視鏡検査の件数からもわかる。**開業以来、受診患者数は年率120～140%の割合で増え続けていった。**

厚生労働省「令和2（2020）年 医療施設（静態・動態）調査（確定数）・病院報告の概況」によると、全国の内視鏡クリニックの検査件数は全国平均で月間50件ほどで、年間ペースで約600件になるが、仙台消化器・内視鏡内科クリニックは、開業初年度で年間4000件を突破。開業5年目で、年間2万件のペースとなっている。

従業員の陣容も常勤医が11人、看護師が常勤のみで24人、スタッフ総勢で70人を超える。月間の医療収入は繁忙期と閑散期で異なるが、繁忙期で7000万円前後、閑散期でも6000万円前後になる。

業界の姿② ——「社会性」と「収益性」の双方を追求できる「内視鏡」

近年のクリニックは、各科目に特化するケースが多い。仙台消化器・内視鏡内科クリニックもまさに典型例である。食道から胃、大腸、肛門までの「消化器」を主な領域として扱っており、胃カメラ、大腸カメラ検査でがんの早期発見を行う「内視鏡検査」を主軸とした経営をしている医療法人である。

クリニックが扱える医療の中でも珍しく「生死」についてコミットができるという社会性が高い領域であり、また収益性という点においては保険領域での単価が高いという特徴がある。この「社会性」と「収益性」の双方を追求できる医療法人であることが、内視鏡クリニックの特徴としてあげられる。

内視鏡クリニックは現在、増加傾向にある。クリニックとしては内視鏡は珍しい部類になるが、成長スピードが期待できるうえに、高齢化社会が進めばニーズがさらに高まっていくことが予想されるからだ。

また、収入という点でも科目の魅力がある。医療行為の点数は国が定めているのだが、内視鏡は科目として優遇されている。

がんや健康寿命など、多くの人が関心を持つ領域であり、経営のしやすさも、内視鏡クリニックが増えてきている理由となっている。

ただ、一般的な要素として、内視鏡が患者からまだまだネガティブなイメージで捉えられていることも事実である。例えば胃カメラなら、典型的なのが「『おえっ』としてしまうのではないか」というもの。大腸カメラなら、男性医師にお願いすることに抵抗がある女性の患者も少なくない。

そのため、**日本国内で内視鏡検査を積極的に受けたいと考えている人は、数%しかいないという現状がある。そんな中で、いかにしてクリニックに来て、検査を受けてもらえるか。ここにこそ、大きなチャンスがある。**

仙台消化器・内視鏡内科クリニックは、まさにこの点をクリアしている。

理念・ビジョン――「胃がん、大腸がんで亡くなる人を0に」の実現に向けて

仙台消化器・内視鏡内科クリニックの大きな特長のひとつは、ミッションをはっき

りと掲げていることだ。「胃がん、大腸がんで亡くなる人を0に」。この開業前からの不変のミッションの背景には、院長の山岡肇氏の実体験がある。

山岡氏はもともと内視鏡の専門医として、がんを切除することを仕事としていた。今では胃がん、大腸がん、食道がんは、初期のものは内視鏡で切り取れる。胃がんなら、3割から4割ほどの人が、お腹を切ったり、穴を開けたりして体の表面に傷がつくような治療はせず、内視鏡だけでがんを切除する。

初期のがんであれば、胃がんも大腸がんも、多くの人がイメージするような外科手術をしなくても治療ができる時代なのだ。しかも、その段階で治療すれば、5年後生存率も限りなく100%に近くなる。

山岡氏が大学病院のような大きな病院で働き、内視鏡治療をしていると、早期で胃がんを発見された患者が当たり前のようにやってきたという。また、自分たちが内視鏡検査をしていても、初期の胃がんが多数見つかり、早期に発見して内視鏡で切除することができた。

ところが、これは世間一般では決して当たり前ではなかったことに、山岡氏はやがて気づくことになる。全体の6割の患者は初期の段階でがんを見つけてもらえず、さらに進んだ状態となってがんが発見されていたのだ。もはや内視鏡治療の段階を過ぎてから、である。

多くの患者は、まずかかりつけ医や近所のクリニックに相談する。しかし、その医院やクリニックが内視鏡検査に積極的でなかったり、内視鏡検査を行う技術レベルが低いと、手遅れになってしまうケースがあったのだ。また、患者の内視鏡検査へのネガティブイメージを払拭できず、進んで受けてもらえない、ということも多かったことを知った。「もっと早く病院に来てくれていたら」と思う患者に、多くの内視鏡医師が出会っている。そこで、山岡氏は自分で内視鏡クリニックを開業することを思い立った。

消化器のがんは内視鏡を上手に使えば、予防も早期発見も完治も可能になる。それを実現するべく、積極的に内視鏡クリニックを活用し、検査を受けてもらえる環境を作ることを考えたのだ。

クリニック開業後、驚くほど多くの検査を行っているのも、規模を拡大しようとしているのも、広いクリニックを作ろうとしているのも、人々の内視鏡検査のイメージを変えようとしているのも、この**「胃がん、大腸がんで亡くなる人を0に」という**

ミッションがベースになっている。このミッションを、院長のみならず、他のドクターやスタッフにも浸透させられるよう、取り組んできた。

ひとつは、開業前から明確にミッションを掲げたこと。「良質な内視鏡を届けることでミッションを現実にする」という方針を唱え、採用においても強調した。今も入職直前と入職後すぐに、院長自らミッションについて、1対1で2時間ほどかけて自らプレゼンテーションをしている。

2つ目は、ミッションを声に出すこと。スタッフには毎日ミッションを唱和してもらっている。人間は、忘れたり惰性に流されたりするからだ。ミッションは、自分たちが存在する理由そのもの。何のために仕事をするのか、である。唱和は今では当たり前のものになっている。院長が朝礼に出られなくても、スタッフは確認してくれているという。

そして3つ目が、情報の共有。ミッションの実現に向けて仕事をしても、一人ひとりの仕事がどんな形で実を結んでいるのかは、診察して検査をしている医師にしかわからないことが多い。そこで、どんな経緯でがんが見つかったか、その結果としてどんな経過を辿ったか、個人は特定されないような形で、スタッフに対して積極的に情報を共有するようにしている。

ビジネスモデル――内視鏡検査のハードルをいかに下げる

仙台消化器・内視鏡内科クリニックが、なぜこれほどまでに経営成長を速められたのか。その理由こそ、まさにビジネスモデルのポイントになっている。初回の内視鏡検査を受けてもらうハードルを、いかに下げていくか、である。もっといえば、どうすれば、最初のカメラを受ける気になってもらえるか。そして、いかに内視鏡検査の質を確保するか、だ。

内視鏡検査は、「健康診断を受けて引っ掛かったので」と受けるパターンが多い。しかし、これだけでは市場規模は大きくはない。一方で、便通異常や便秘、血便、胃痛、吐き気などの消化器系の外来が、内視鏡検査の入り口になりうる現実がある。

そうした場合に、いかに内視鏡検査につなげていけるか。**内視鏡検査には6つのストレスがあると、船井総合研究所では考えている。「痛み」「下剤」「羞恥心」「時間制約」「安心感」、そして「治療力」だ。仙台消化器・内視鏡内科クリニックは、この6**

つすべてを把握し、クリアにしている。

まずは痛み。「おえっ」となるのではないか。下剤を飲むのは、つらいのではないか。こうしたイメージだ。しかし、高い医療技術をもとに全例鎮静剤使用を基本とする内視鏡検査を実現させ、多くの患者が「気づいたら終わっている」内視鏡検査を経験することができている。「あれ、もう終わったんですか?」という言葉が院内では日々交わされている。

大腸内視鏡の下剤についても、配慮している。自宅で下剤を飲み、その後に病院に行くのは、もしかすると便意をもよおすのではないか、と誰しも不安になる。また、下剤内服はリスクがある状況であることは医学界においては常識であり、未発見の大きな大腸がんがある状況で下剤内服を行った場合、下剤内服が引き金になり腸が破れる医療リスクも存在する。そのリスクに対して院内で下剤を飲める環境は、患者の小さな異変を見逃さず、異常事態に対して素早く対応することが可能となる。院内での下剤内服は安全面、利便性の両面において大きな成果があるのだ。

こうした環境があれば患者はうれしいが、40~50坪の普通の規模のクリニックでは、このスペースはできない。そのため仙台消化器・内視鏡内科クリニックは、開業時か

患者の「検査を受けない理由」をなくす

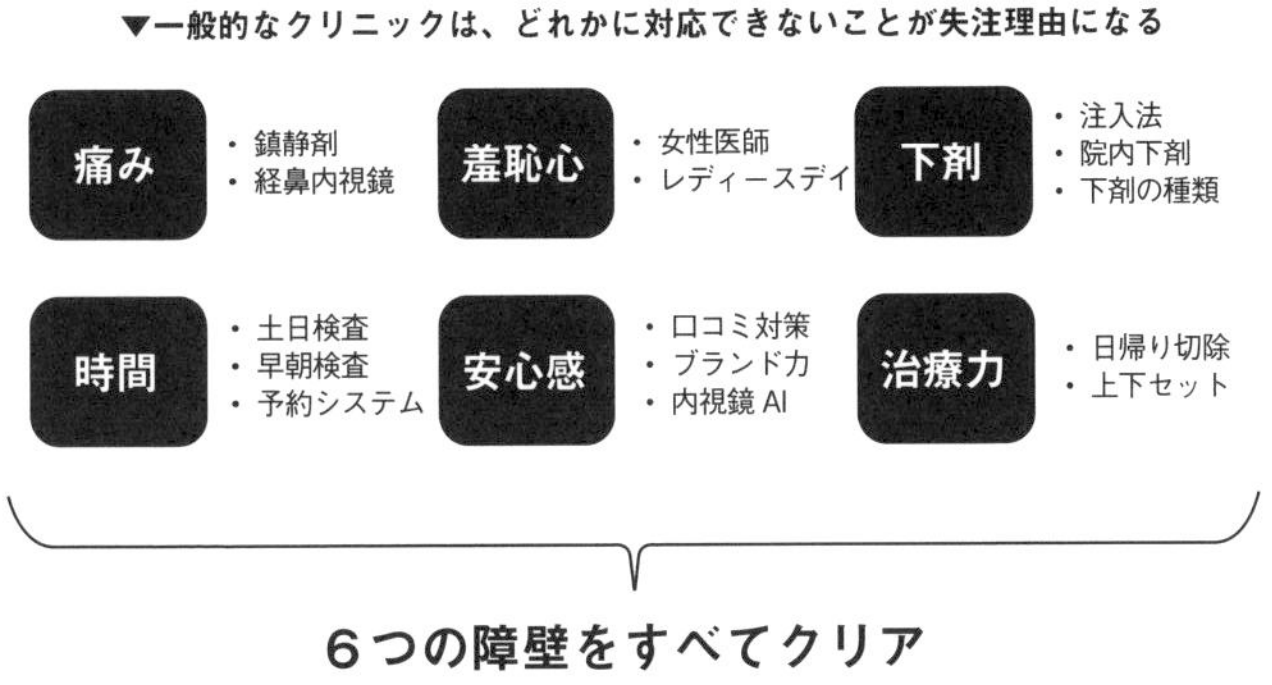

▼一般的なクリニックは、どれかに対応できないことが失注理由になる

痛み
・鎮静剤
・経鼻内視鏡

羞恥心
・女性医師
・レディースデイ

下剤
・注入法
・院内下剤
・下剤の種類

時間
・土日検査
・早朝検査
・予約システム

安心感
・口コミ対策
・ブランド力
・内視鏡 AI

治療力
・日帰り切除
・上下セット

6つの障壁をすべてクリア

ら110坪の物件でスタートした。

おかげで、下剤対応のみならず、内視鏡検査で鎮静剤を使ったとしても、休むスペースも確保できた。しっかり眠るがすぐに目が覚める鎮静剤を使っている。これは、医師に豊富な経験があってこそ、使えるものだ。患者にはありがたいが、最も使用難易度の高いものを使っていることも差別化要素になっている。

続いて、羞恥心。内視鏡クリニック勤務の医師の多くは男性のため、大腸カメラを受ける女性には、それだけで心理的なハードルになっている場合も少なくなかった。

こうしたことから、仙台消化器・内視鏡内科クリニックでは開業時から女性の常勤医を招聘した。

また、院内の仕組みも現代人の羞恥心、清潔観念のレベルに合わせていく必要があると考えた。

例えば大腸カメラは、検査の際、どうしてもお尻がある程度、汚れてしまう。通常の医院では、汚れてもシャワートイレで軽く流して、お尻を拭いて帰ることができる程度である。しかし、仙台消化器・内視鏡内科クリニックでは、男女別にシャワーを設置している。大腸検査用のトイレも完全に男女別になっている。検査の前後は患者同士が顔を合わすことなく安心感が得られるよう、院内は可能な限り個室化している。

時間制約。働いている人は忙しい。検査を受けるには時間的な制約が生じる。そのハードルを下げるために、土曜日・日曜日も内視鏡検査や治療を行っている。胃カメラは平日の夕方も実施している。

地理的なハードルを下げることも考えた。利便性の高い駅の近くで開業することだ。さらに、Ｗｅｂ予約の導入もいち早く進めた。胃カメラの相談や予約をするためだけに、わざわざクリニックに事前に来院する必要はない。電話と違い、夜中に予約をすることもできる。

安心感。良い治療が受けられる、最新の設備があるという口コミで、あっという間にブランド力が生まれた。新しい設備を常に模索し、AIを使ってリアルタイムにがんの発見をサポートしてくれる内視鏡AIシステムの導入も、いち早く進めた。

治療力。院長自身が豊富な経験を持っており、日帰りポリープ切除などのメニューも作った。

1つのクリニックや一般的な経営投資では、この6つをすべて網羅することは難しい。どれかを強みにしよう、くらいである。

仙台消化器・内視鏡内科クリニックは、最初から大規模な投資を行い、この6つの内視鏡検査への不安をすべて解決できる稀有なクリニックなのである。これが、大きな強みであり、ビジネスモデルそのものになっている。

歩んできた道──高額の家賃、女性医師の採用など、異例のスタート

院長の山岡氏の内視鏡専門医としての経験が開業につながったことはすでに書いたが、決断のきっかけになったのは、忘れられない患者のエピソードだった。

50代の男性が、腹痛を訴えて救急車で運ばれてきた。人間の体を輪切りにしたような画像を映し出すＣＴ検査をすると、胃には穴が開いて、空気や内容物がお腹に漏れ出していることがわかった。大きな胃がんも映っていた。

話を聞いてみると、3年前にがんが見つかっており、その時点である程度進行していたが、「手術だったら治療できるのでやりませんか」という話も出ていたそうだ。ところが、手術前の説明で怖くなってしまい、治療を受けなかった。そのまま見て見ぬふりをして、普通に社会生活を送っていたのだが、とうとう胃に穴が開き、腹痛に耐えられなくなり、たまたま山岡氏のところに運び込まれることになった。

人間なので怖くなることもある。病気のことだけでも不安なのに、手術にはリスクがあることを伝えていたはずで、ますます怖くなったことも山岡氏は理解できた。3年前の出来事を、責めることはできなかった。

実は3年前の発見に至るまで、男性は毎年きちんとバリウムの検査を受けていたのだという。しかし、バリウムで見つかった時、胃がんがある程度、進行してしまっていた。もし、内視鏡検査を受けていたら、もっと早く見つかっていたかもしれない。

胃カメラをもっと上手に活用できたはずなのに、そうなっていないシステムの問題だと強く感じたのだ。結局、最も大変な思いをするのは患者なのである。

この男性患者は、諸事情から手術はせず、山岡氏が主治医として治療を行った。本人は食事もできず、治療も痛く、つらい思いをした。しかし、頑張って耐えてくれた。

一方で、山岡氏は他の患者に、がんの内視鏡治療も行っていた。隣のベッドには、どんどん内視鏡治療を受ける患者が入院してくる。こうした患者は、内視鏡でがんを切除した直後に痛みがないことも珍しくなかった。「先生、なんともないよ」「こんな簡単に治るんですね」と言いながら退院していく。

胃に穴が開いた患者にとって、同じ病気の他の患者があっという間に退院していく姿を見ることは、何よりもつらいものだっただろうと山岡氏は感じた。

実際、「先生、やっぱり逃げるんじゃなかった」「もう一度、カレーが食べられるようになるかな」と話していたそうである。その姿を見て、山岡氏もつらかった。

この男性患者は頑張って治療に耐え、無事に歩いて退院ができた。もう一度、カレーを食べることができるようになったが、その後、抗がん剤治療を行ったものの、1年半ほどで亡くなった。

もっとがんを初期で見つけられる世の中にしたい。山岡氏が痛切に思うようになったのは、この時だと言う。内視鏡検査を受ける時期の違いが生死を分けていたのだ。救えたはずの命があった。この出来事がまさに、開業のきっかけになった。

しかし、内視鏡検査を受けたがらない人が多いのは事実だった。つらい、痛い、苦しい、恥ずかしいといった負のイメージが大きな妨げになっていたのだ。

そこで山岡氏は、**「胃がん、大腸がんで亡くなる人を0に」というミッションを実現させようと、内視鏡検査のネガティブファクターを払拭することを真剣に考えた**のである。

通常、内視鏡のクリニックは40坪から50坪あれば成り立つが、最初から110坪でスタートしたのも、そのためである。医師の採用も高額の報酬が必要になるため、当面は1人で始めることが多いが、開業当初の段階から親族以外で常勤の女性医師を採用している。これは、極めて異例のことである。駅に近い物件を選んでいることもあり、クリニックの家賃も高額なものになった。

人件費も高く損益分岐点の設定は驚くほどの高さになったが、これも「胃がん、大腸がんで亡くなる人を0に」というミッションを実現させるためのものだった。

開業1年目は、立ち上げに必死だったという。クリニック勤務経験のない医療事務

3人で始めたことや、内視鏡の業務に従事した経験のある看護師も1人しかいない状況だったため、最初の半年は、システム作りや同意書作りなど、ゼロからの仕組み作りから始まった。

2年目は、患者が大きく増え、忙しさのコントロールが経営課題になった。スタッフも増え、新しいメンバーへの教育も必要になった。増え続ける患者に対応しきれなくなるため、2年目から完全予約制にした。

3年目は、コロナ拡大の時期に重なった。患者やスタッフにとって安全なオペレーションを構築するために、約1カ月間、休診に近い状況も経験したが、院内のマネジメントに力を注ぐ時間にもできたと山岡氏は語る。

収益性——内視鏡検査のネガティブファクター解消が最大の強み

開業の2018年当時は、まだWebを使って集客をするという概念がクリニックにはなかった時代だったが、ホームページを作り、さまざまなコンテンツを開発。検索上位表示対策SEOを行い、広告も打ち出した。結果として、仙台エリアで最も早くWebマーケティングに成功するクリニックとなった。

そして、内視鏡検査のネガティブファクターをいち早く解消したことを打ち出した。これ自体が、大きな訴求力になった。この東北随一のマーケティング能力が、収益力につながっている。

また、月間で1800件、年間で2万件超もの検査を行うことになれば、ホスピタリティが落ちてしまう懸念があるが、採用する医師を増やしたり、クリニックの面積を110坪から150坪に拡大するなど、規模拡大にシンプルに対応している。

仙台消化器・内視鏡内科クリニックで検査を受け、「内視鏡検査を受けるのは、怖いものではない」と抵抗感が薄まることになれば、定期的に内視鏡検査を受けるリピーターになってもらえる確率も高まる。

持続的成長性――さらなる大規模化を推進するのは、大きな利点があるから

すでに3院目を立ち上げることが決まっているが、「胃がん、大腸がんで亡くなる人を0に」というミッションを実現するためには大規模化するしかないと、院長の山

岡氏は考えている。そうすることで、たくさんの人に良質な内視鏡検査を提供することができるからだ。これはそのまま、持続的成長性を意味する。

大規模化のメリットは大きく3つあり、山岡氏は内視鏡検査の質を高めることにもつながると考えている。

1つ目のメリットは、内視鏡の機器を新しいものに買い換えていくことができる点だ。内視鏡検査の機器の価格は、年々上がっている。一方、検査の値段は下がることはあっても、上がることはない。その流れとは逆行するように、内視鏡の機器は値段が上がり続けているのである。

例えば、トップシェアのオリンパスの胃カメラは、最上位機種が1本約600万円。医師一人のクリニックの経営規模では、これを何本も集めたり、買い換えていくことはなかなか難しい。

実際、小規模なクリニック向けと言われるモデルは、最上位のモデルではなくなっているという。

内視鏡検査では、医師は静止画で診断しているのではなく、カメラを胃の中で動かしながら、動画で診断している。そのため、画質が重要になる。画質が悪いと、切除

広告・SEO対策で認知を高め、自作HPへ誘導、予約へ

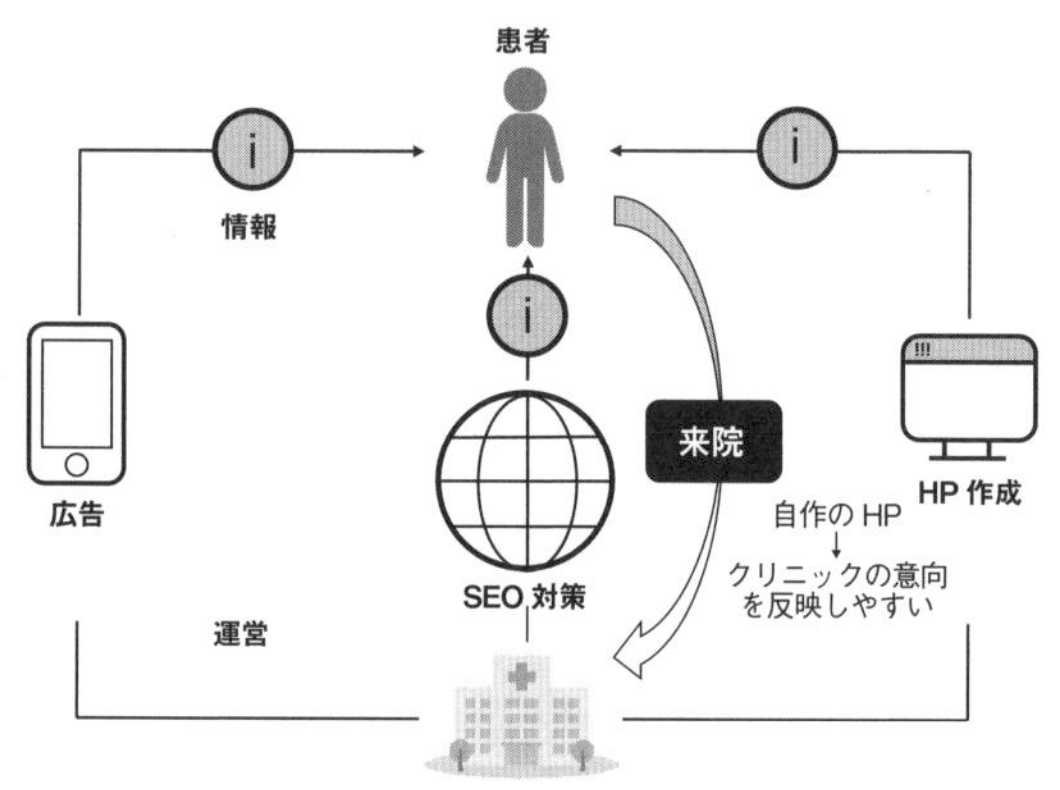

すべき胃がんが存在しても、認識ができない。目での認識が診断の第一歩であるため、画質は重要になる。画質の高い、上位のモデルが必要になるのだ。経営でスケールメリットを作ることができれば、高度な機器の購入もしやすくなる。

メリットの2つ目は、鎮静剤を使うためである。鎮静剤を使うことは、今はリスクよりもメリットのほうが大きいのではないかと現場では感じているという。内視鏡のガイドライン上も、否定的なコメントはほとんどなくなっている。患者に眠ってもらうのは、理想に近い内視鏡検査・治療を提供できるシステムだと考えている。

ただし、スタッフの人手も設備も、専用

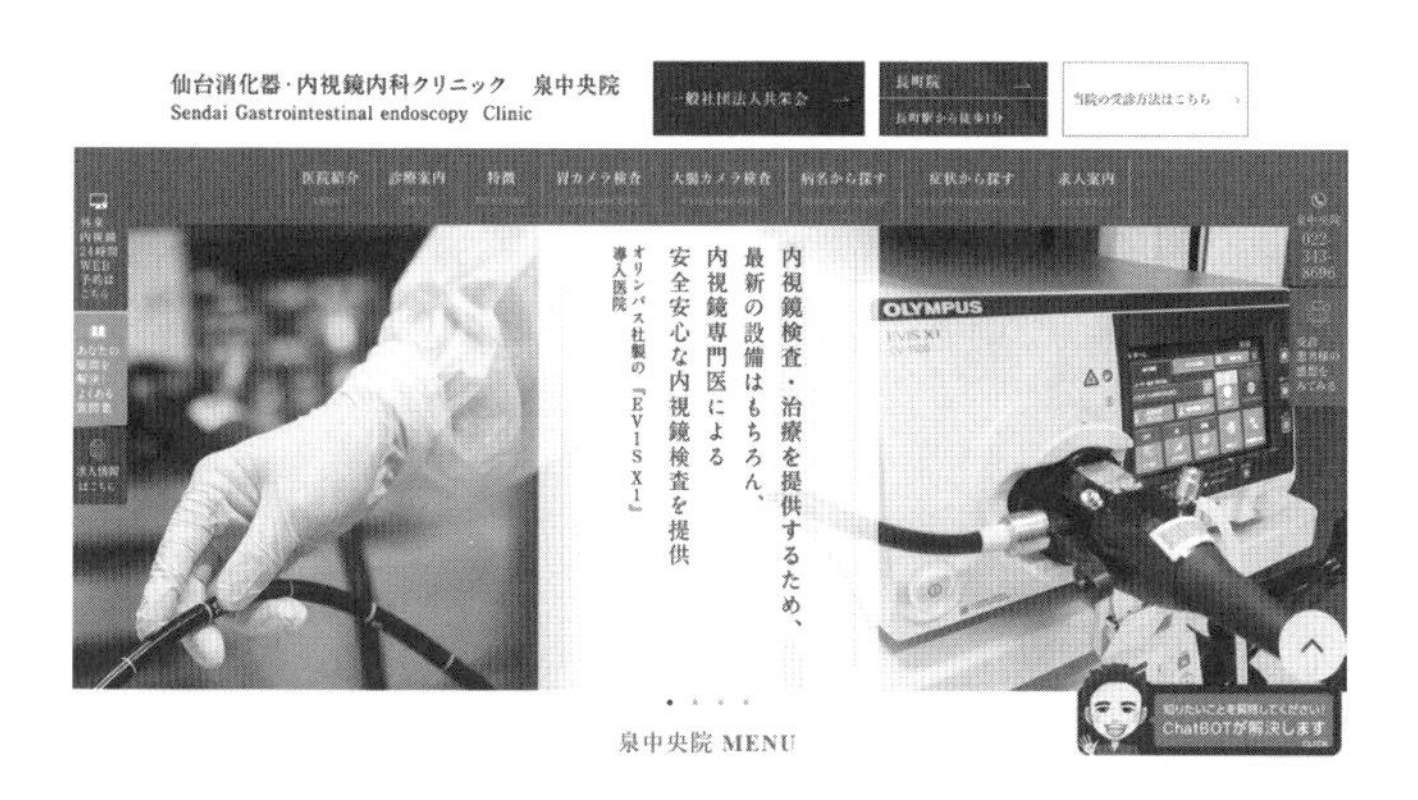

内視鏡検査を受ける上での6つの障壁をすべてクリアしていることを、ホームページでわかりやすくアピール

のスペースも必要になる。設備にも最初から投資をしていかなければ、件数に対応できるクリニックは成り立たない。規模を大きくしなければ、多数の患者に鎮静剤を使用し、楽に内視鏡検査を受けてもらい、性能がいいカメラを使う理想の内視鏡検査は提供が難しくなるのである。

メリットの３つ目は、医師が複数人でチームを組めることである。開業当初から常勤２人体制を敷き、その後も分院の準備も含めてではあるが、常時３〜５人の医師が対応できる体制を敷いていった。

医師がクリニック内に複数人いる体制こそ、理想の医療に近づけると、山岡氏は実感しているという。最終的に病気を診断したり、方針を決めたりするのは、医師である。しかし、医師が一人で常に最適解を導き出せるのかといえば、それは簡単ではない。

多くの病院では、専門分野を同じくする医師が複数人でチームを組んでいる。一人で判断するのが難しいときには、一緒に知恵を出し合いながら診療を進めるためである。しかし、医師一人のクリニックでは、これができない。

山岡氏が考えているのは、先進施設と言われる病院と同等レベルの内視鏡検査をクリニックで行うことだ。複数の医師体制は、避けて通れないと考えた。

また、大規模化によって、内視鏡の質を担保する以外のメリットがあるとしている。

それは、スタッフの休暇の問題だ。小さなクリニックであれば、余剰人員を常に抱えておくことは難しい。それでは、スタッフ自身の急病や子どもの発熱などでの急な欠員、有給休暇の取得、産休・育休の取得に柔軟に対応することは難しい。大規模化することで、スタッフに安定した生活を供給していくことができるのである。

顧客満足度――恥ずかしくて何年も検査に行けなかったという女性も来院

圧倒的な患者数、検査数が顧客満足度を物語っている。内視鏡検査のネガティブファクターの解消を主眼に置き、例えば女性医師を当初から採用するなど、異例の開業となったが、これも間違いなく顧客満足度を高めることにつながった。

実際、女性の患者で、便の潜血反応があったのに恥ずかしくて何年も検査に行けなかったというケースも多かったという。そして実際に、大腸がんが見つかったこともあった。

20年1月から12月の1年間で、30代の女性の大腸がんを、仙台消化器・内視鏡内科クリニックでは9人発見している。

こうした情報は、スタッフにも共有される。**自分たちの仕事を通じて、働く世代、若い世代の命が救えている、ということを知ってもらうためである。**これが、ミッションの実現に向け、自分たちは正しい方向に進んでいるという認識を深められるからだ。スタッフのモチベーションを大きく高めていくことになり、患者へのホスピタリティも高めていくことにつながっている。

加えて大規模化していることが、診療面でもクリニックとしての圧倒的なホスピタリティにもつながっていると考えられる。

医師の診察に対して、よくある患者の不満は、「急かされている感じがする」「説明が端的に終わってしまう」「回転をとても意識していて雑に感じられる」といったものだが、仙台消化器・内視鏡内科クリニックには、それがない。

複数の医師がいるので、医師が慌てたりすることがない。もし遅れが出ていたとしても、誰かがフォローすればいい、といった発想ができる。これが、しっかりと目の前の患者に向き合うという、圧倒的なホスピタリティの実現につながっている。

組織力――幹部への権限委譲、評価制度の確立

幹部を育成し、幹部に権限委譲をすることで、組織を大きくしている。中でも力を入れているのは、ミッション、ビジョン、バリューの幹部への再認識だ。開業当初から山岡氏が考えてきたものを、あえて幹部に考え直させようという動きをしている。「胃がん、大腸がんで亡くなる人を0にする」というミッションには変わりはないが、その途中で達成したいビジョンは他にもあるのではないか。何か追加すべきことはないか。そんなディスカッションを幹部と推し進めることで、当事者意識をより大きなものにしようとしている。

また、組織力に大きな影響を与える評価制度に関しても、評価制度の項目から運用まで、もちろん山岡氏もチェックはしているものの、多くを幹部に任せている。

ここで山岡氏が目指そうとしているのは、一言でいえば、医療法人の中小企業化である。医療法人は組織規模が大きくないため、院長が属人的に管理することが多い。

しかし、複数の病院を経営するとなると、院長がいない日も多くなる。そこで、幹

部に評価から教育までを任せられるよう、取り組みを推し進めている。

医療機関で働くスタッフの評価は難しい。数値評価の概念がないからである。必然的に、人間性が高かった、といった抽象的な項目に評価の軸が寄りやすいが、評価を受ける側には納得性は薄い。評価する側にも、かなりの教育が必要になる。

そこで**仙台消化器・内視鏡内科クリニックでは、評価制度を自力で構築した。どんな態度、行動に高い評価が与えられるか、しっかりと言語化、数値化し、評価しやすい制度を作っている**。これを、幹部主体で行った。

また、採用についてもスタッフにできるだけ委ね、採用サイト作りも任せている。仙台消化器・内視鏡内科クリニックには、働くコンセプトとして「医療従事者の満足度をとにかく上げよう」があり、それに基づいて採用活動も行われている。

仙台消化器・内視鏡内科クリニックのブランド力や安心感そのものも採用力につながっており、通院したり、検査を受けたことのある人からの応募も多い。また、先にも触れたように働き方に柔軟に対応できるため、スタッフの満足度は極めて高い。

「院長によるワンマン」ではなく、従業員1人ひとりが力を発揮する組織

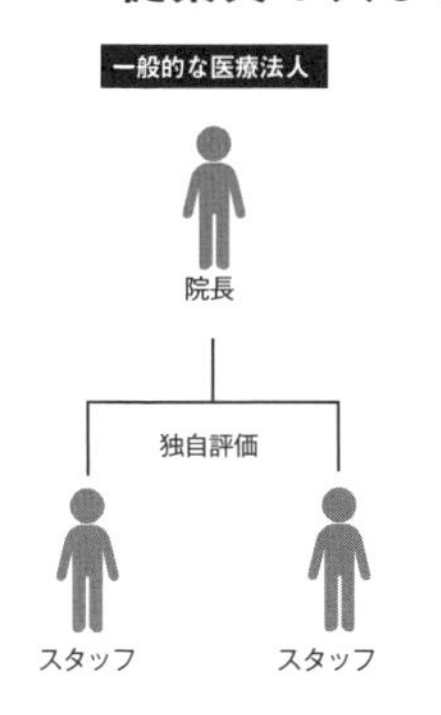

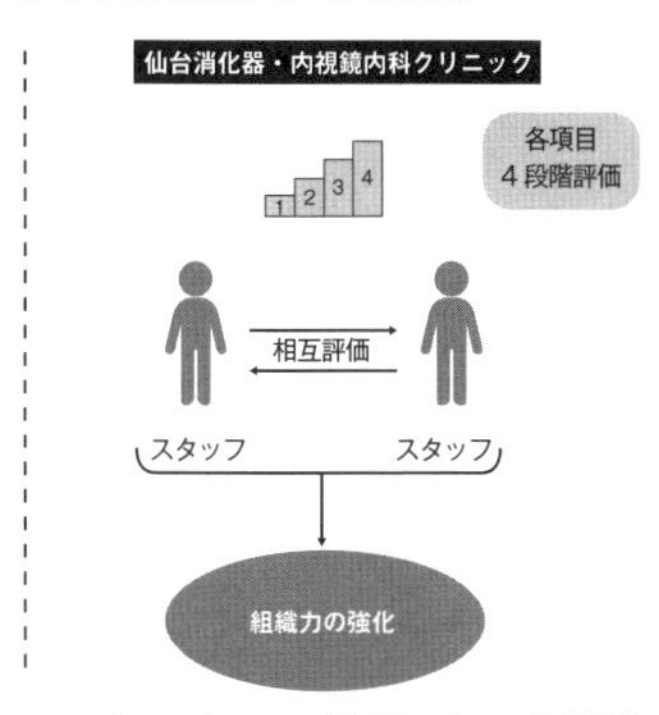

院長がスタッフを独自評価＝院長の能力が成長の上限

スタッフがルールに基づきスタッフを相互評価する＝院長に頼らない組織力の強化、成長の実現

仕組みで採用〜定着を実現

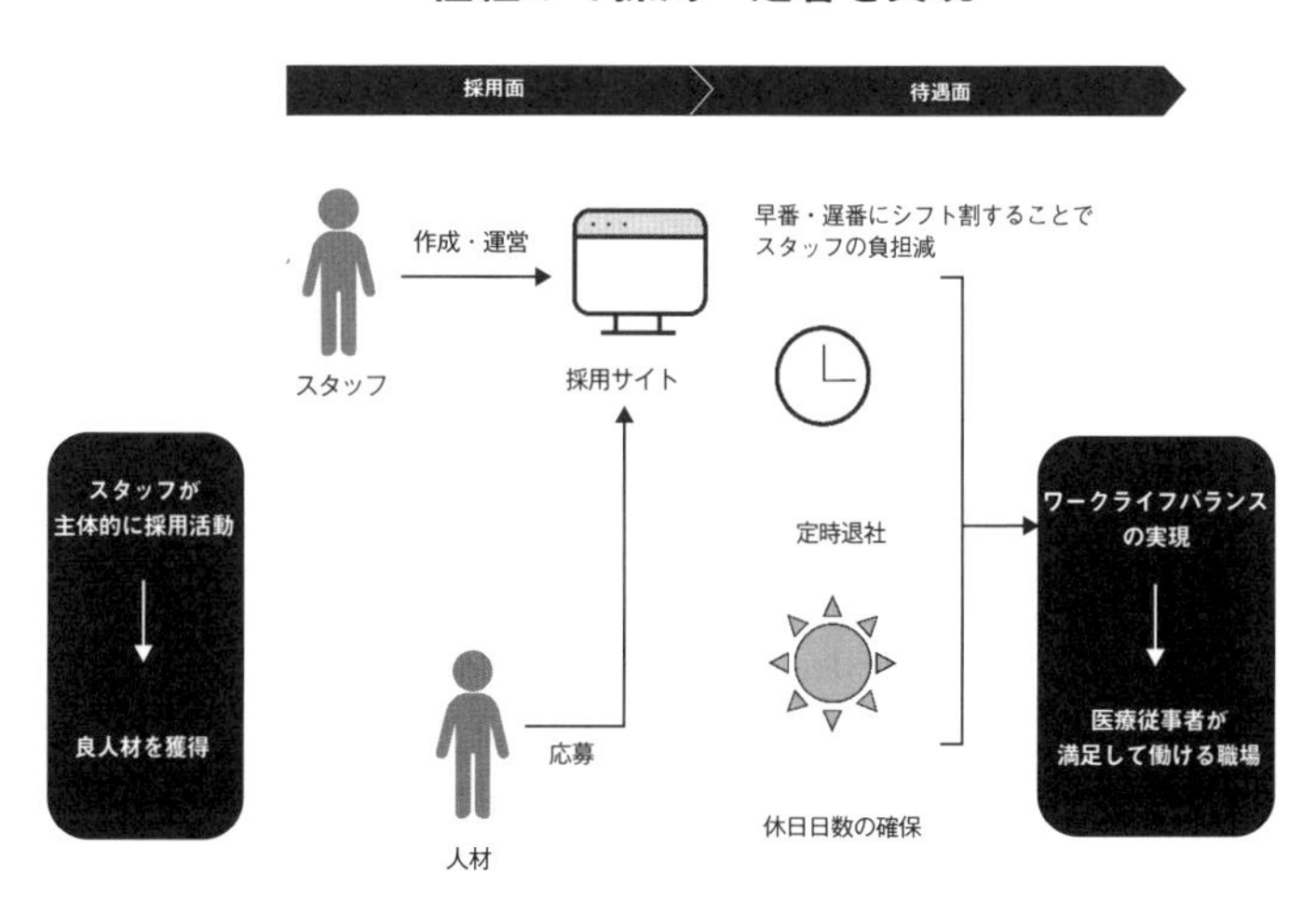

社会性――東北を代表する内視鏡クリニックとして大きな期待

18年の開業以来、年率120〜140%の割合で受診患者数が増え続けている。仙台消化器・内視鏡内科クリニックが行う大腸カメラ検査は、年間で約8000件。開業6年目にして、すでに全国トップクラスの数字である。

胃がん・大腸がんは早期に発見できればほぼ根治できる。受診患者とその家族の人生を前向きなものに変えていくという意味で、大きな社会性がある。

また、東北で一番になる、という目標も掲げており、東北を代表する内視鏡クリニックとして大きな期待が寄せられる。実際、仙台市以外からの来院者も少なくない。

大規模化するといっても、まずは東北から、というのが山岡氏の考えである。東北エリアでの存在感は、ますます高まるだろう。

この企業から学ぶこと

●急成長は「目指す医療の実現」を開業前から描いていた結果

仙台消化器・内視鏡内科クリニックは宮城県の仙台市に開業しているが、山岡院長は、この地の出身ではない。「自身の提供したい医療を行うのに最も良い場所」として、仙台を選んだ。提供する商品やサービスの質をキープするためには、ある程度大きな商圏に大きな規模で一気に出店してシェアを獲得する。そのような戦略を開業当初から実行した。それが、大きな成果となり花を咲かせた。

大きなマーケットで、ライバルも多い。だからこそ差別化が必要だ。しかし、自らの理想を追求するには「患者を待つ」のではなく「患者がたくさんいるところに行く」選択をしたわけだ。

駅前の一等地に開業したのは「内視鏡検査を受けない6つの理由」の一つ、「時間がない」という問題の解決につながると信じたからだ。

多くのクリニックでは、通常このような発想にはならない。患者は命に関わる話なのだから多少不便でも来る。そのような発想で知らず知らずのうちに「待ち」の状態になっているわけだ。内視鏡検査〝も〟他の治療に付加して必要ならば提供するというのが、多くの医療機関のビジネスの形である。主力ではないから医療機器の設備投資も進まない。

実は医療機関は「成長が必ずしも良いこととは限らない」という発想が主流である。ある程度の規模に達すると、まず収入面でも無理をして大きくすることを避けるようになる。無理な拡大は収入の増加よりも、医療事故などリスクのほうが大きくなるからだ。

また雇用する医療従事者に任せるとなると、なおさらリスクが増すと考える。トラブルで一度良くないイメージを持たれると、医院の経営は難しくなる。だから通常のクリニックの場合、拡大は経営者にしてみれば面倒なことになるので、無理してやることもないだろうと考えるわけだ。すべて自分と自分のクリニックの経営のことを考えてである。

しかし仙台消化器・内視鏡内科クリニックは、規模拡大を目指す。そのエネルギーの源泉は「胃がん・大腸がんで亡くなる人を0に」というミッションだ。多くの人に良質な内視鏡検査を提供する。それにより胃がん・大腸がんを早期発見し、治療して命を救う。それが自分たちの使命。このミッションを勤務するドクターやスタッフにも浸透させ、高いレベルの医療を提供する。大規模化はデメリットと考えずに、メリットを最大限生かすことを考える。結果として働くドクターやスタッフの仕事の負荷やストレスを軽減させることも実現できた。

仙台消化器・内視鏡内科クリニックは、時代の変化に対応して広告やWebマーケティングを駆使し、「内視鏡検査〝を〟提供します」を大きく打ち出し、駅前の好立地へ集客する。

とにもかくにも患者の来院ストレスをなくし、受診へとつなげ救える命をすべて救うために。

執筆：内科・整形外科グループ　マネージャー　石原 春潮

Chapter 05

グレートカンパニーアワード2021
働く社員が誇りを感じる会社賞

から「コト売り」値引きを求められないモデル

——ワークスマイルラボ

代表取締役 石井聖博氏（写真前列右から3番目）

「自社が実践して成果の出た働き方を伝え、それを実現するための商品を販売する」ことで価格競争に巻き込まれない顧客との関係を構築。経営理念を自社ブランディングにも活かし、働き方改革の先進企業としてメディアに多々露出し、岡山県の就職人気ランキング1位になるなど、採用においてもプラスを生んでいる。

「モノ売り」競争しない、ビジネス

秀逸なポイント

『「働く」に笑顔を！』という経営理念の下、
自社をモデルに顧客の働き方改革を支援

□「事業価値の再定義」で「働き方」と「その実現に必要なもの」を売る
- → 自社が行って効果のあった働き方を顧客に提案し、導入・定着を支援
- → 顧客が提案内容を体感できる「来社体験型オフィス」で、来客の３社に１社から受注

□ブランディングによる「顧客のファン化」
- → ９割以上の顧客と「競合との相見積もりや比較検討をしない」関係を構築
- → 継続的な情報発信でメディア露出を高め、「ワクスマ（※）のファン」を増やし続ける

※ワークスマイルラボの略

□強い採用力
- → 「経営理念とビジョンへの共感」を一義に、新卒採用を強化
- → 岡山県の就職人気ランキングで１位。競争率は19倍超え

企業プロフィール　株式会社ワークスマイルラボ（WORK SMILE LABO）

業務内容：笑顔溢れるワークスタイル創造提案業（事務室賃貸業）
所在地：岡山県岡山市南区福浜町
創業：1911年
代表者：石井 聖博
資本金：5,300万円
従業員数：35名（パート含）〈2023年６月〉

業界の姿①オフィス用事務機業界——収益力の低い業界で新しいビジネスモデル

オフィス用事務機業界で戦後、成長を牽引した主力商品は、大手メーカーのコピー機・複合機だった。企業向けのコピー市場の拡大とともに業界は成長。カラーコピーの登場がその成長のライフサイクルをさらに伸ばすことになった。

しかし、デジタル時代の到来とともに、コピーの需要は少しずつ減少していった。コピー機・複合機販売では、使用したコピー用紙に応じたカウンター収益も大きな利益をもたらすことになるが、これも徐々に減少。また、印刷1枚あたりの単価も下がっていった。

加えて、複合機やコピー機はおおむね5年のリースが組まれるが、5年のマシン交換のタイミングで競合と激しい価格競争が起きた。競合に取られないようにするには、できるだけ安い金額を提示する必要があり、更新時に前回並みの収益を確保することは難しくなっていった。昔に比べると、明らかに利幅が減っていったのである。

一般社団法人 ビジネス機械・情報システム産業協会によると、複写機の国内出荷

複写機の出荷台数、金額の推移（モノクロ・カラー含む）

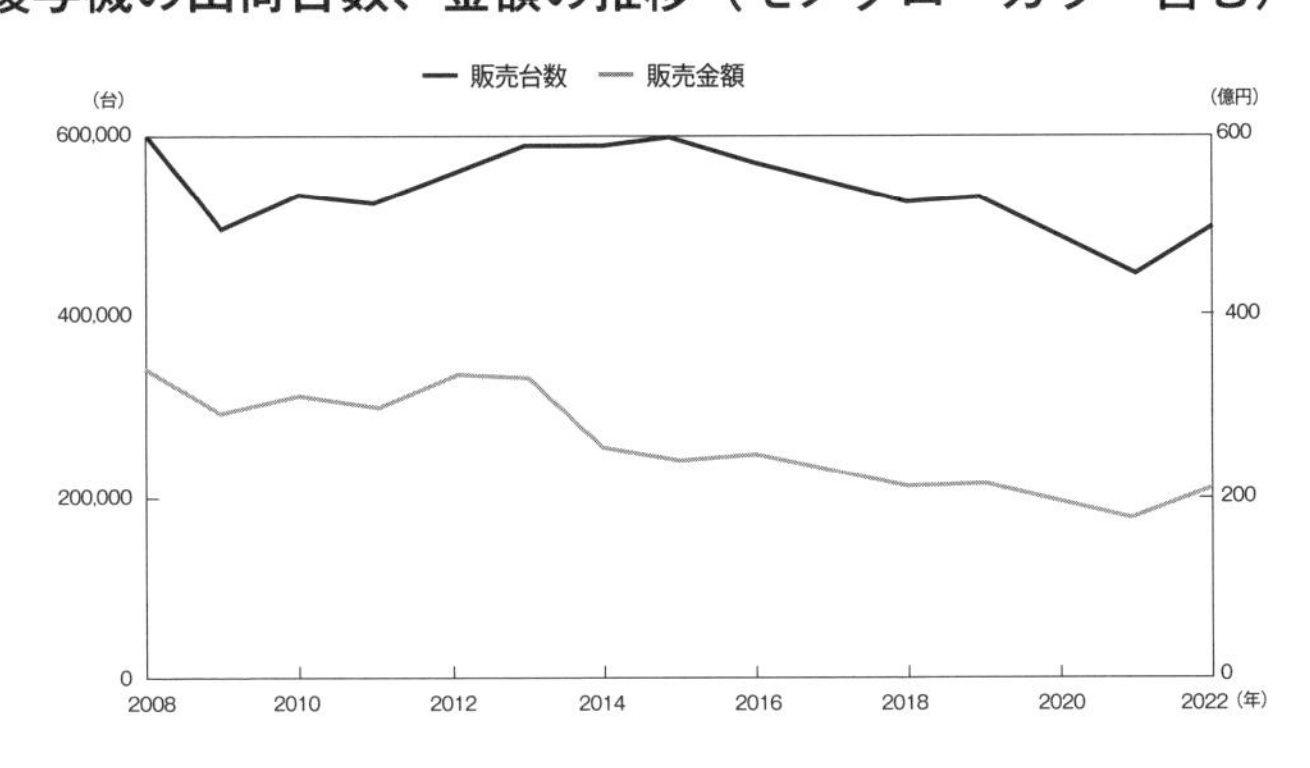

一般社団法人 ビジネス機械・情報システム産業協会「複写機・複合機出荷実績」を基に作成

台数は22年で49万４２５８台と3年連続で50万台を割り、出荷金額もコロナで大きく低下した20年、21年に比べると持ち直してはいるが、２０００億円台と、コロナ前と比べても低下している。

このような売り上げ、利益ともに減少の状況を事務用品やオフィス家具の販売がカバーしていたが、長引く不況によって買い換え需要も低迷。特に12年のリーマンショック時には、さらなる買い控えが広がり、収益力が低下、危機的な状況に陥る会社が続出した。

当時は石井事務機センターという社名だったワークスマイルラボも、この頃、倒産寸前の危機に陥っていた。

こうした中、15年に創業者から数えて四代目となる石井聖博社長の就任をきっかけに、オフィス用事務機販売業からワークスタイル創造提案業へと舵を切った。オフィスをリニューアルし、自分たちの働き方改革、DX導入などの事例を顧客に見てもらえる来店体験型のショールームを併設。

実際に自分たちが効果を実証したワークスタイルを提案するという取り組みをスタートさせ、ビジネスモデルの大きな転換に成功した。

業界の姿②——デジタル領域に踏み出すことで新しい世界が見えた

オフィス用事務機業界では、コピー機・複合機にしても、事務用品、オフィス家具にしても、各社は同じような商品を扱うことになる。そのため、事業としての差別化が難しい。結果として、どうしても価格競争に巻き込まれ、利益率が低くなる傾向がある。

どこでも同じようなものが買える、となれば、いくら頑張っても、最後は価格で決められてしまい、営業のモチベーションもなかなか上がらないという実情があった。

取引先からは出入り業者として扱われ、御用聞き、小間使いのような雑な扱いをされることもあったようである。これでは会社の存在意義を自分たちで感じることも難しい。

そこで、石井氏が社長就任前にスタートさせたのが、自らが得意だったデジタル領域に踏み出すことだった。パソコンパトロールという中小企業向けのパソコンやネットワークのサポートサービスから始まり、やがてデジタルツールの提案やセキュリティ商材の販売を拡充。競合も少なく、利益率の高い事業を組み入れることができるようになった。

ただ、例えばデジタルツールを導入したからといって、すぐに社内のデジタル化が実現できるわけではない。そこで、その実現に向けて伴走していくサポート事業へと次第にシフトしていく。

その舞台としたのが、来店体験型のオフィスである。この名称が「ワークスマイルラボ」だったが、18年に社名そのものをこの名称に変更する。

事務機器の周辺やデジタルツールに目を向けたこと、また、製品を売るのではなく、中小企業に働き方を提供する、という考え方のもとで売り方を大きく変えることに成功した。結果として、収益力も大きく変えることができた。

理念・ビジョン――『「働く」に笑顔を！』という理念から事業が形に

石井氏が「自分たちが売るのはモノではなく働き方である」、そう決めたときに、大きな出来事が起こる。新たな事業領域に前向きな意識を持った社員が、心身の不調を訴え、退職することになったのだ。

新しい働き方を提案する、売ると決めながらメンタル的な問題で社員が辞めたことに、石井氏は大きなショックを受けた。そのときに石井氏の頭に浮かんだのが、理念となる『「働く」に笑顔を！』だった。

自分たちがやるべきは、単にモノを売ることではない。快適な働き方を伝え、働く場所に笑顔をもたらすことではないか、ということである。

顧客の笑顔を実現するためには、単なるモノの販売ではなく、価値そのものの提案・提供を行う必要がある。こうした中から、提案する製品やＩＴツールは、実際に自分たちが効果を実感できたものを提案するべきだ、という発想が生まれた。

また、**実際に自分たちが笑顔になれば、それは間違いなく顧客にも役立つはずなの**

ワークスマイルラボの「来店体験型オフィス」

自社が提供するサービスのショールームになる

中小企業のワークスタイルモデルとして、まずは自分たちが輝いていこう、という使命感を持ち、その様子を来店体験型オフィスで見てもらう

で、得た情報を積極的に発信していこう、という思いにつながった。

ここから、顧客に自分たちの会社を見てもらおう、提案内容を説明するよりも実際に見て体感してもらおう、うまくいっている事例を真似してもらおう、という考えに思い至った。これこそが、来店体験型のオフィスだった。

ショックな出来事をきっかけに経営理念ができたことで、それを実現するための事業モデルを徐々に形にしていったのだ。さらに中小企業のワークスタイルモデルとして、まずは自分たちが輝いていこう、という使命感が共有できるようになった。それはそのまま、顧客に提案できる新たなワークスタイルやコンテンツになるからだ。

象徴的なものとして16年4月のテレワーク導入が挙げられる。きっかけは、パート社員が子どもの急な病気で休むことを余儀なくされたことだった。社員の笑顔を守るにはどうするか。当時はまだ珍しいテレワークを実施することにした。

以後、小さな子どもがいる社員の離職率が下がり、結婚や出産、介護など、社員のライフスタイルの変化にも柔軟に対応できる会社へと変わっていった。

このとき、残業時間を前年比40％以上削減しながら売り上げ104・98％、粗利113・6％を実現。18年で総務省の「テレワーク先駆者百選」総務大臣賞（最優秀賞）

を中小企業で初めて受賞。20年版中小企業白書にも掲載されるなど、受賞やモデルケース紹介が相次ぐことになった。

だが、それだけではなかった。実は同じような悩みを抱えている中小企業がたくさんあったのだ。「うちの会社でもぜひこれをやりたい」という声が次々に寄せられるようになったのである。

そして後にやってきたのが、コロナ禍だった。ワークスマイルラボはいち早く「テレワーク導入支援」をメニューにまとめ、大きな反響を得た。同業他社が売り上げを約15%落としていった中、ワークスマイルラボはほとんど業績に影響がなかった。それどころか21年には、過去最高益を達成している。

ビジネスモデル——自分たちの「働き方」「DX」成功事例を顧客で実現

ワークスマイルラボは、「ワークスタイル創造提案業」を標榜している。商品となっているのは、まさに「ワークスタイル」そのものだ。

集中を促すアロマディフューザー、退社時刻の宣言カード、スタンディングデスクとしても使える昇降テーブル、フリーアドレスで毎日座る席が偏るのを防止する抽選機械、社員の習熟度の一覧表など、70個以上。そして、顧客となる企業に自社の姿を見てもらう「来社体験型の販売」を行っている。

ワークスタイルの事例は、いずれもワークスマイルラボ自身が、自社で実践してきたものだ。悩み抜き、試し、解決し、笑顔で働けるようになった過程を自らが経験しているからこそ、顧客となる企業に対して、親身になってワークスタイルの提案ができる。

そしてワークスタイルを実現させるために必要となるのが、デジタルツールやオフィス家具、ＯＡ機器などだが、これらは多くが従来から扱っていたもの。もっといえば、競合も扱っているものだ。

しかし、自分たちが「働き方改革」やＤＸを行い、それを実現させるために必要なものとして使っていたとなれば、その意味づけは大きく変わる。しかも、ワークスタイルそのものの提案なので、ツールや機器だけではなく、働く環境の改善やルール策定なども自社の経験を踏まえて支援していく。

もちろん結果的にはデジタルツールやオフィス家具、ＯＡ機器を販売することになるわけだが、ただモノを売っているわけではない。顧客である企業が「どうしたいのか」を、本当に実現させるためのモノになるのだ。

そして、「どうしたいのか」が本当に実現されるまで、徹底的に支援していく。そのために例えばＤＸなら、「デジタル化のロードマップ」を一緒に作り上げる。

デジタルツールだけの提供なら他社と価格を比較される可能性があるが、ツール導入の前段階のフェーズから顧客に入り込むとなれば、そうはならない。ツールだけ別会社から買う、というのは考えづらいからだ。

しかも、導入後、デジタル支援という活用をサポートする業務メニューも作った。デジタル化のロードマップを一緒に作るからこそ、導入後のサポートも手がける機会が生まれるのだ。そしてこの業務メニューは、粗利率１００％のサービスとなった。これが、収益力を押し上げた。

デジタル化の導入からサポートまで手がけるようになったことで、顧客との関係性も大きく変わった。これまでは、モノやツールを購入してもらっても、営業はその後、フォローを入れる関係で終わっていた。

だが、デジタル支援をしていく中で、「やっぱりこのツールも必要」「これも欲しい」と顧客の要望はどんどん増えていくようになった。デジタル支援サービスが、次々に販売機会を生んでくれたのである。

ただ、このビジネスモデルは、当初からすぐに実現できたわけではない。『「働く」に笑顔を！』という理念をベースに来店体験型のオフィスを作ったが、当初はデジタルツールやオフィス家具の紹介をするところに、まだ目線は向かっていた。

これが大きく変わっていったのは、先のテレワークだった。育児や介護があるため、テレワークという働き方をしている社員がいる、というワークスマイルラボの取り組みは周囲で話題になった。実は多くの企業が、同じような悩みを抱えていたのだ。

しかし、出勤しない働き方では、社員がしっかり働いているかどうか、わからない。その不安が大きかった。では、ワークスマイルラボはどうしていたのか。もちろん、さまざまな試行錯誤の上に導入・運用をしたのだが、それを実際に来店体験型ショールームで見てもらえるようにしたのだ。

常時モニターで接続して仕事をしている社員の姿が映っているのを見て、多くの会社が「うちもこれをやりたい」と伝えたという。そこで、自社で使っていたデジタルツールや機器を提案、販売していった。テレワークを実践したい多くの企業から、支持を得ることになった。

ところが、機器を導入したのはいいが、「テレワークを実践できない」という声が聞こえてきたのである。実はテレワーク運用に必要なのは、ツールや機器だけではなかったのだ。実際、ワークスマイルラボでは、運用を成功させるためのさまざまな取り組みを自社で行っていた。

例えば、出社しない社員に対しては、どうしても他の社員が疑心暗鬼になる。「出てきていないから、サボっているのではないか」。実際、そういうことを言い出す社員もいる。ツールや機器の導入、さらにはその使い方をマスターするだけではなく、社内のマインドを変えていくことも、テレワーク導入では求められたのである。

そこでワークスマイルラボは、テレワークに必要なデジタルツールや機器に加えて、テレワークをしっかり社内に定着させるための自分たちのソフト面の経験も提案していかなければいけない、と気づいた。そうすることで、本当に導入ができるのだ。

こうして、「テレワーク導入支援」という新しいメニューが作られた。これが、後のコロナ禍のもと、爆発的な支持を得ることになったのである。

かつてのビジネスは、顧客の「この商品が欲しい」に対応するものだった。欲しい商品を提供したり、新たに欲しいのではないかと思われる商品を提案することが、ビジネスの基本だった。

しかし、ワークスマイルラボでは、顧客の「自分たちもこれがやりたい」に応える。こんなワークスタイル、こんな働き方、こんなＤＸ……。まさに「働き方」なのだ。**中小企業の働き方を変える支援を行っていくことが、今やビジネスになっている**のである。

働き方支援メニューは具体的に３つ。働きやすい職場環境づくり。また、書類の整理を徹底する５Ｓ活動や社内のルールを定めて社員のマインドを変えていくこと。さらには、評価制度。こうした働き方の変革が、まさに来店体験型のショールームで紹介されている。

顧客にとっては、機器販売だけよりも、費用総額は上がる。しかし、それでも受注確率は大きく上がった。顧客は本来、モノを求めているのではなかったからだ。「こうしたい」という成果を求めていたのである。

ワークスマイルラボは、その「こうしたい」を実現させるビジネスモデルを作り上げた。売るモノを変えたのではなく、売り方を変えることで、それを実現させたのだ。

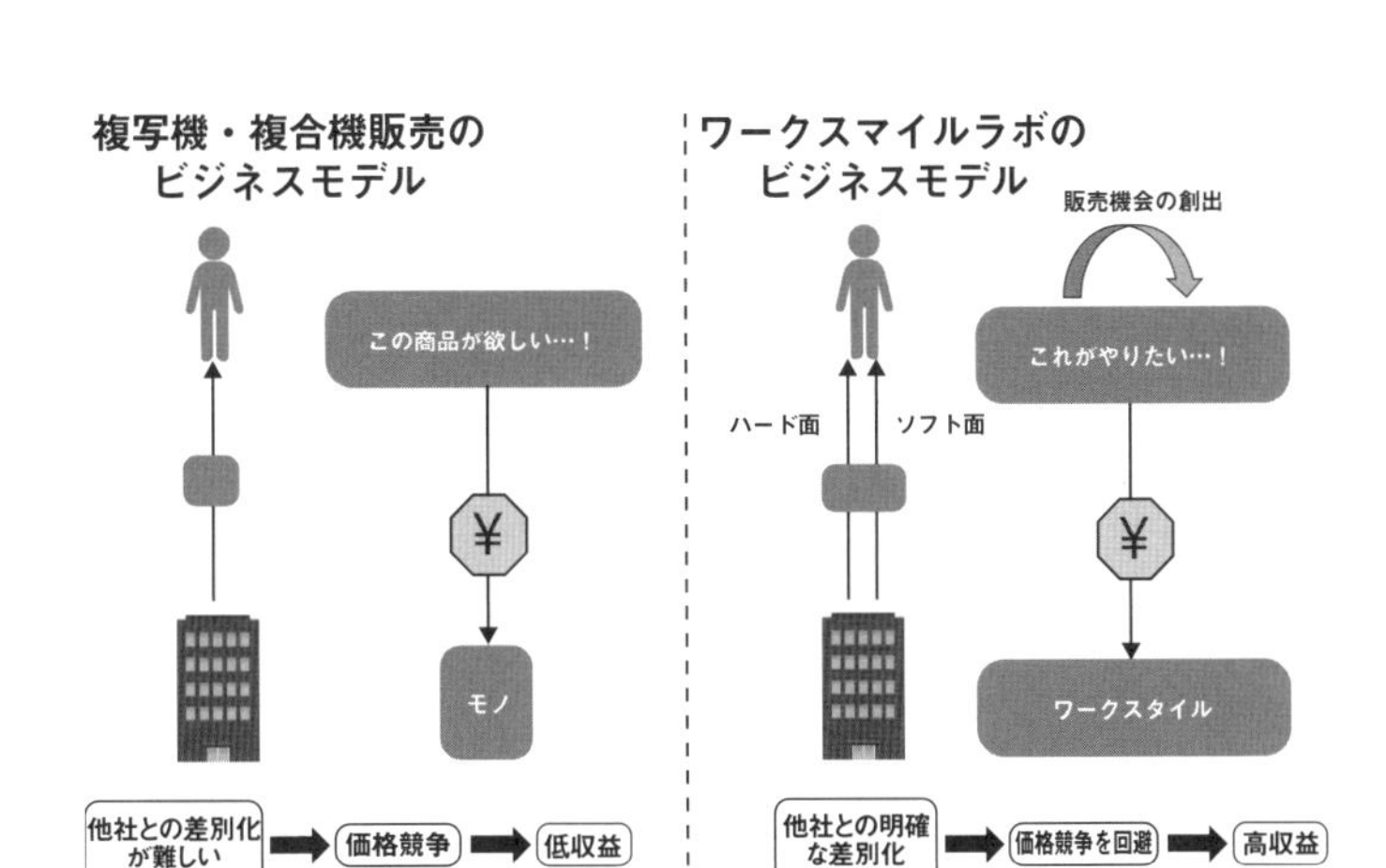

ハード・ソフトの両面で売り上げる。特に「ハードの適正価格での販売」が収益性を高める

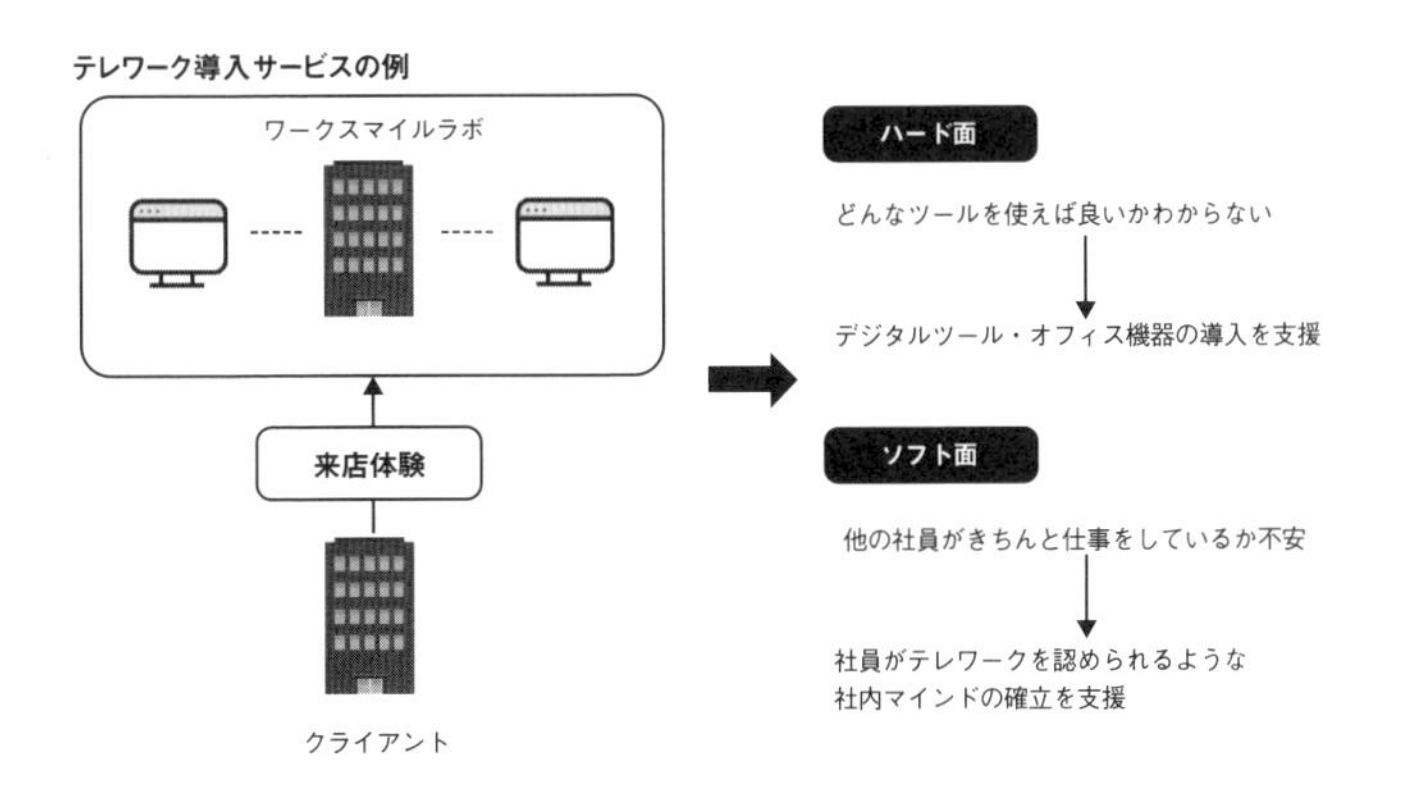

歩んできた道——オフィス用品販売業からワークスタイル創造提案業へ転換

ワークスマイルラボの起点は、明治44年、1911年にさかのぼる。岡山で筆や墨を売る文具店「石井弘文堂」として創業している老舗企業だ。69年に社名を「石井事務機センター」に変更し、事務用品やOA機器、オフィス家具の販売を手がけてきた。

現社長は四代目となる。父である前社長が三代目社長として会社を引き継いだ頃は、コピー機やオフィス家具などが伸び始め、オフィス用品販売業としては、とてもいい時代だった。しかし、その後、時代の変化とともにマーケットも縮小、利益率もどんどん落ちていった。

実は厳しい状況に陥っていることがわかっていた前社長は、会社を畳むことを考えていたという。四代目の現社長には「自分で仕事を探せ」と伝えた。しかし、すでに入社していた現社長は自分の代でつぶすわけにはいかないと覚悟を決める。

その2年後にやってきたのが、リーマンショックだった。会社はまさに倒産の危機に瀕する。精いっぱいの資金繰りから、なんとかスタートさせたのが、「パソコンパトロール」という新しい事業。中小零細企業へのＩＴやＯＡ機器のサポート代行や相談を担うというもの。パソコンやネットワークトラブルがあった際には、電話で駆けつけるサービスもあった。

しかし、これによって、コピー機やＯＡ機器、オフィス用品などを売って終わりだった会社から、「パソコンやネットワークの相談ができる会社」という認識を持たれるようになった。

このサービスを起点に会社の業績が徐々に安定するようになり、最悪の時期を脱することができた。

こうして四代目社長が得意としていたデジタルツールの提案や、セキュリティ商材の販売につなげることができ、会社の収益力は高まっていった。

15年には、四代目社長が就任。収益力が高まっていた中で、オフィスのリニューアルに取り組み、来店体験型のオフィス「ワークスマイルラボ」をスタートさせた。このアイデアは、四代目社長によるものだった。

先述の通り「働き方を売る」と事業領域、事業価値を再定義したが、当時は「働き方改革」という言葉もまだなく、顧客に説明しても、なかなか理解されなかった。自分たちの売りたいものを正確にわかってもらうためには、それを表現している場所を作り、体験してもらう必要があると考えたのだ。

現在、**来店体験型オフィスを訪れた企業の3社に1社から受注している。**この数字は社長が営業しても、新人が行っても変わらない。来店体験型オフィスは、成果を出しやすい環境であり、マーケティングの仕組みとして機能している。

収益性——顧客の9割以上が、相見積もりや比較検討をしない

オフィス用品販売やコピー機販売では、粗利率は15～25％程度の企業が少なくない。そんな中で、ワークスマイルラボは、45％を超える状況になっている。端的に、業界平均の2倍以上の粗利率になっているのだ。

だが、扱っている商品に業界と大きな違いがあるのかというと、そうではない。ほとんど同じものを扱っている。それでもこれだけの高収益になっている背景にあるのは、価格競争に巻き込まれていないことだ。それは、顧客が他社と比較をしないから

である。

同じものを扱って、同じような提案をしていれば、価格での勝負にならざるを得ない。しかし、顧客の「自分たちもこれがやりたい」に応えるのが、ワークスマイルラボのビジネスモデル。

単にモノを提供しているわけではない。競合に依頼をしても「自分たちもこれがやりたい」には応えてもらえない。そうなれば、価格競争にはならない。

もちろん、企業の中には「とにかく安く買いたい」というところもないわけではない。そうした企業が顧客になれば、価格競争に巻き込まれる可能性が出てくる。だが、こうした考え方を持つ企業とは、積極的に取引をしないことを方針にしている。

自分たちにはこんな働き方の事例がある、という提案をし、興味を持ってもらえたとしても、**最終的に価格で決めたいという企業とは、無理にお付き合いをすることはない**、というスタンスなのである。

かつては、とにかく広く浅く顧客を開拓していた。「買ってください。安くします」というスタイルだった。しかし、独自のビジネスモデルを確立したことで、こうした営業スタイルを取らなくてもよくなった。

実際、顧客や競合他社との関係性は様変わりした。現在、取引している顧客の9割以上が、相見積もりや比較検討をしない（競合化率は6・9％）。実に9割以上の会社が、ワークスマイルラボからしか買わない、という関係性を構築したのだ。

自社の生産性向上の効果と相まって、20年の時点で営業利益は10年前と比べて約18・5倍にまで伸びていた。コロナ禍の中ではオフィス来社に難しさもあったが、デジタル化セミナーの開催等により新規顧客を増やし、21年には売り上げ、利益ともにさらに向上させている。

顧客をとにかくたくさん獲得して、たくさん販売していこうというのが、かつての発想だった。しかし今は顧客を絞り込み、その顧客と信頼関係を深めて取引を拡大させていく、という考え方にシフトさせている。

そして自社独自で今もさらなる働き方改革への取り組みや、新しいデジタルツールの情報収集を積極的に推し進めている。そうすることで、提案商材はどんどん増えていく。これがそのまま、顧客への提案機会を生み出していくことになるのである。

持続的成長性――ワークスタイルの継続的な変化に常に対応し、また情報発信を強化

ワークスマイルラボは、顧客への提案内容となる新しいワークスタイルを常に拡大している。数カ月もたてば、「また、こんなコンテンツが増えている」と驚くことになる。1年もたてば、さらに変わっていく。

そのため石井氏は社員に「お客様の前回のご来社から1年がたったらまたお連れするように」と言っている。

デジタルツールは進化が激しいが、それについても情報収集と対応を怠らない。新しいツールに適応し、新しいコンテンツやワークスタイルに結びつけている。あくまで、自社が実践して良かったものを提案するため、顧客からの共感は強い。

しかも、働き方のみならず、「これをやったら生産性が上がった」「採用活動でこんなことをすればうまくいった」「社員の営業成績がこれで上がった」など、生産性の向上や採用活動の成功まで、コンテンツの領域は広がってきている。

常に新しいものを提案し続けられるのは、やはり理念があるからだと社長の石井氏

は言う。昨今「ライブオフィス」のようなデザイン性の高いオフィスを作り、来社した顧客に導入を勧める企業が増えているが、多くがワークスマイルラボのような成果にはつながっていないのは、それが「〝ワークプレイス〟の提案だから」というのが石井氏の考えだ。

ワークスマイルラボは〝ワークスタイル〟を提案・販売しており、またそれを続けられるのは『「働く」に笑顔を!』の理念があるからだ。

また、来社体験型の販売だけに、いかにして興味を持ってもらうか、自社に見に来てもらうか、が重要なポイントになるが、早い段階で対策を打ち出していた。来店型オフィスを作ったタイミングで、広告代理店の勤務経験がある広報担当者を中途採用しているのである。

当時はまだ会社は10数人の規模。社内からは、広報の専任担当を採用することには反対の声があったが、社長が決断した。広報担当者は入社後、メディア対応を積極的に行ったり、プレスリリースを発行するなど情報発信を推し進め、じわじわと成果につながっていった。

実際、取材記事がたくさんある。積極的な広報戦略によってワークスマイルラボが認知され、そこから顧客による来訪やオフィス視察の受け入れにつながったケースも多い。広報戦略から、多くの接点が生まれていったのである。

今も、新たなコンテンツのスタートなど、積極的な広報活動は続いており、情報発信が収益に結びつく形になっている。

顧客満足度――共感する会社が続々。ファンを公言している企業も少なくない

単にデジタルツールや機器を導入するだけではなく、「働き方改革」やＤＸの前段階のロードマップ作りから一緒に行い、社内に定着させていくデジタル支援も行っていくのが、ワークスマイルラボ。「自分たちもこれがやりたい」をまさに実現させていくのである。

せっかくツールを購入したのに、「自分たちもこれがやりたい」ができないのであれば、残念な印象になってしまうが、そうはならない。しかも、自分たちがやって良かったものを提案してくれるだけに、「自分たちもやって良かった」と共感され、ファンになってもらえることも多い。実際、「ワクスマのファンだ」という声を発し

ている顧客も少なくない。

こうした共感を生み出している理由としてもう一つ挙げられるのは、ワークスマイルラボがワークスタイルやコンテンツを選定する基準を「従業員50人以下の規模の中小企業に適しているか」としていることだ。

ワークスマイルラボがターゲットとして据えているのは、あくまで50人以下の企業。だからこそ、新しい働き方やDXを提案する上で、共感を得ることができるのだ。顧客に「自分たちにもできるかも」と思ってもらうためには、課題が共通していないといけない。

組織的な問題を考えると、50名以下の企業では、IT専任担当者はまずいない。ワークスマイルラボも同様で、かけられるコストや人的リソースも限られている。こうした中で、独自のワークスタイルやコンテンツを生み出していくからこそ、50名以下の企業に支持されるのだ。

この共感の重要性に気づいているため、企業成長しても、分社化して50名までの規模に抑え、共感を持ってもらえる規模を継続していこうと考えている。

組織力――岡山県の就職人気ランキング1位の採用力が組織を変えた

中小企業のビジネスモデルの大きな転換では、ネックになることが多いのが、既存社員からの反対や抵抗の声である。慣れ親しんだやり方を変え、新しいやり方にしていくには、大きな負荷がかかる。変わらない理由、変えない言い訳は、いくらでも挙げられる。中には、古株社員たちがビジネスモデル変革の足を引っ張ってしまうこともある。

しかしワークスマイルラボは、社長自身がビジネスモデルを変えると決断し、それが揺らぐことはなかった。そして実現できた理由の一つとして挙げられるのが、新卒採用の成功である。

新卒採用に力を入れ、16年から毎年、継続して採用を行うことができた。今、働いている社員が辞めてしまうと会社が立ちゆかない、ということになってしまえば、改革の決断も鈍ってしまうが、新卒採用ができていたので、こうした事態に陥らなかった。

新卒採用の比率が全体の3分の1を超えたあたりから会社は劇的に変わることが多

いが、ワークスマイルラボも、まさにその通りとなった。

これには、新卒採用への社長の徹底的なこだわりも大きい。中小企業は大企業のような採用方法も、内定辞退を見越した多めの採用もできない。そこで、内定辞退をされない採用、ワークスマイルラボを第一志望にしてくれる学生を増やすことに傾注したのである。

知名度でも商品力でも圧倒的な一番と言えるものがないとわかっていた石井社長は、経営理念とビジョンを打ち出し、それらへの共感を一義に採用を心掛けた。

働き方改革という言葉が時流になったこともあり、働き方改革をお手伝いしていくという事業内容は、学生からも大きな共感を集めることになった。こうして、採用力が大きく上がっていった。

また、採用説明会には全社員が出席して、学生と触れ合う「全員採用」も学生から高い支持を得ている。

岡山県の就職人気ランキングでは、ベネッセや両備グループ、中国銀行などに混じって上位にランキングされるようになり、山陽新聞の調査で**22年にはとうとう人気ランキングで1位を獲得。採用数も6人となった。今やエントリーからの競争率は19**

倍を超える。

経営理念やビジョンに共感した新卒社員が増えていったことは、既存社員への経営理念やビジョンの浸透にもつながっていった。これが、会社自体を変えていく大きな要素となった。

若い社員が多いが、業務はある程度、体系化されている。顧客の課題を聞き、それに対して適切な解決策を提案していくというよりは、顧客が「自分たちもこれをやりたい」と思われるような事例を紹介していくビジネスだからだ。

コンサルティングのような難易度がなく、事例紹介サービスだからこそ、経験の浅い若い社員でも対応ができる。もちろん、コンサルティング的な要素も経験するため、人材育成にも余念がない。20代でコンサルタントの名刺を持っている社員もいる。

社会性――中小企業の働き方改革を実現。業界の可能性を発信

従業員50人以下の中小企業に対して、働き方改革やDX導入を「本当に実現できる」形で提供している価値は大きい。実際に、顧客の従業員満足度が上がったり、生

産性が上がったり、採用力が上がったり、という実例が次々に出てきている。

中小企業では、経営者はいろいろなことに取り組みたい、デジタル化してどんどん業務を効率化したいと考えている。だが、社員がやってくれない、使ってくれないという人的阻害要因が存在している。

働き方を変える、デジタル化する、といった新しい取り組みを推し進めていく際には、この人的阻害要因が問題になるのだ。

しかし、ここにワークスマイルラボが自分たちの経験をベースに入り込むことで、**働き方改革やデジタル化が、経営者主体から、社員主体になっていく**という。人的阻害要因の解決に貢献できるのだ。

そこで社長が発信しているのが、「オフィス用事務機業界を、働き方の改革を支援していく業界に変えていこう」というメッセージである。

オフィス用事務機業界は、すでに超成熟市場になっている。さらに今後、人口が減り、事業所も減る。今、扱っているものだけに縛られると市場自体が減っていってしまう。価格競争も、ますます激しくなる。

一方で、オフィス用事務機業界は、各社がそれぞれのエリアで顧客基盤を持っている。顧客との信頼関係も強い。リアルのフェイス・トゥ・フェイスの対応ができる。その強みを生かして、良いツールやコンテンツを訪問して提案、サポートしていく事業に転換していってはどうか、と考えているのだ。そのためには、売る価値を変え、売り方を変えなければいけない。

自社の事業価値を再定義し、さまざまな取り組みをしていく過程で、石井社長はこの業界の価値に気づいたという。この業界には大きな可能性がある。その発信を今後も続けていきたいと語る。

この企業から学ぶこと

●「顧客を絞り込む」成長戦略

「自社の商品・サービスを『安くして』と言われず、売りたい価格で自由に売りたい」と、どの経営者も思うが、その実行は簡単ではない。ワークスマイルラボが現石井社長になって顧客に高く評価される職場環境を整えることができた大きな要因に「顧客を選ぶ・絞り込む」ことを勇気をもって実行したことがある。

商品を高く買ってもらうには、自社を高く評価してくれる顧客に販売しなければならないため、自社の評価が低い取引先とは、無理には付き合わない。売り上げよりもまず評価を勝ち取るために何ができるかを考える。

ワークスマイルラボも、かつては多くの取引先に「安くしますから」という販売をしていたため、最後は価格で判断されたり、「そこまで言うなら買ってやる」と上からの態度を取られたりした。業績も不安定で給与水準もそれほど高くなかった。

経営危機や社員の退職をきっかけに自社の事業価値を再定義したことで、会社が大きく変わった。自社の強み、自社を評価してくれる顧客と付き合っていくために、さまざまな取り組みを考え、実行することが大切だと理解でき、やり抜いた。とにかく自分たちが絞り込んだ顧客から深い共感を得る、ファンになってもらうことを優先して考える。

地域で信頼を勝ち取り、ファンとなった取引先には、これからの働き方を実現するための付加価値の高いツールだけではなく、一般的などこにでもあるオフィス用事務機もワークスマイルラボが提示する価格で適正に販売できるようになった。

そのような環境を確立できた最大要因は、自社が自信をもって提案をできていることだ。その思いは高まり、ワークスマイルラボは同業のオフィス用事務機業界にも、取引先の働き方改革支援の旗手になっていこうとメッセージを送っている。

顧客に本当に役立つものを提供するために、顧客と同じ条件に自社を置き、オフィスも最先端の働き方改革のモデルケースとして改革し続ける。絞り込み、その対象が求めるものを高いレベルで提供する姿勢を崩さないことが同社の強みだ。

執筆：ものづくり支援部　シニアコンサルタント　細井 錦平

Chapter
06

グレートカンパニー
アワード2014
業績アップ賞

地域一番店戦略」を人材力で実現

——物語コーポレーション

代表取締役社長 加藤 央之氏
(写真右から3番目)

コロナ禍でも力を発揮した「選ばれる店作り」戦略で、マーケットの広い価格帯をカバーし、18業態654店舗へと拡大。データと徹底的な検証に基づいて行われる各種会議で、既定事項であっても常にアップデートを繰り返す。「食べ放題におせっかいなサービス」を加えた新たな概念を打ち出し、大きな市場で一番化。新たな技術も導入して「人だからこそできるサービス」の提供を実現している。

「大きな市場で4つの柱と

秀逸なポイント

「やろうとしていることを簡単に諦めない」
時間と労力をかけて進めていく組織としての強さ

□「Smile & Sexy」社員が「自分らしく生きる」ことを大事にする

→ 社員に「思ったことを率直に言う」ことを求め、イエスマンを作らない

→ 新卒社員を「幹部候補生」と呼び、積極性のある学生を惹きつけ、毎年40〜50人を採用

□巨大なマーケット、価格帯で差別化し、優位性を保つ

→ 「郊外の良い立地に目立つ大きな店」

→ アップデートを何度も繰り返し、模倣や陳腐化を防ぐ

□DXでメリハリをつける

→ 配膳・運搬ロボットを導入し、生産性向上

→ 人は会社の大事にする「おせっかい」に専念

企業プロフィール　株式会社物語コーポレーション

業務内容：外食事業（フランチャイズチェーン直営）
所在地：愛知県豊橋市西岩田
創業：1949年
代表者：加藤 央之
資本金：28億円（2022年6月30日）
従業員数：単体1,293名/連結1,428名〈2022年6月〉

業界の姿① 外食業界――コロナ禍からの回復はカテゴリーや戦略で明暗

足かけ4年にわたったコロナ禍の影響を最も受けた業界の一つが、外食産業だった。感染拡大の収束とともに、じわじわと市場は回復、全体としてはすでにコロナ前の水準にほぼ近づいてきている印象がある。

しかし、外食産業の中でも、回復しているカテゴリーとなかなか戻っていないカテゴリーがあるのが実情だ。

例えば、ファストフードはコロナ前を超える好調ぶりの企業が少なくない。日常食というジャンルに加え、コロナ禍で家の中で食べる機会がかなり増えたことが大きい。また、そうしたライフスタイルが定着。ドライブスルーやテイクアウトも好調だ。

一方で、繁華街立地の居酒屋など、企業やグループの宴会を収益の柱にしていたカテゴリーは、まだまだコロナ前には遠く及ばない状況にある。日本フードサービス協会の「外食産業市場動向調査 2023年1月度 結果報告」では、19年1月対比で、売り上げが約50％という数字だった。遅くまで飲んだりしなくなったという人々のライフスタイルの変化の影響もあり、このカテゴリーはコロナ前のスケールに戻るのは厳しいのではないか、と予想されている。

ファストフードの中でも、テイクアウトに馴染まなかった麺類などは、まだ戻り切っていない。一方、居酒屋系ではあるが、生活商圏に近い駅前で商売を展開しているカテゴリーは、ほぼ戻ってきている。

マーケット全体としてはコロナ前の水準にほぼほぼ近づいてきているが、戻らないカテゴリーと逆に伸びているカテゴリーが、複雑に共存している状況にある。伸びているキーワードとしては、生活に近いマーケット、家の中の需要が取れているか、が挙げられる。

「焼肉きんぐ」「丸源ラーメン」など18業態、国内外654店舗を展開する（2023年5月末時点）物語コーポレーションは、厳しいコロナ禍の中でも、いち早く回復を見せた企業の1社である。

多くは郊外の大規模店舗だが、基本的に生活商圏。その商圏の中で一番の認知を作るという「地域一番店戦略」を取ってきたことが大きい。

郊外に大きな店舗を作ることで顧客の来店の心理的な安心感が高まり、集客力を高めることに成功した。また、幅広い客層にたくさんの利用動機で来てもらう多利用動機を強く意識してきた。

これまで培ってきた「選ばれる店作り」がコロナ禍でも発揮されたと言える。

業界の姿②――売上高を作りに行く姿勢、そして圧倒的な人材採用力

コロナ禍以前から、外食業界では上場企業でも平均的な利益率は最終的に5％程度だった。ただ、外食ビジネスの面白さは、粗利率の高さでもある。損益分岐点から大きく超えられる企業は、売り上げトップラインを伸ばしていくことで、しっかりと利益を出すことができる。

物語コーポレーションの掲げる「地域一番店戦略」「大型店舗」「多利用動機」は、単に好立地にお店を作ればいい、ということではなく、積極的に売上高を作りにいくという戦略である。そうすることで、損益分岐点から大きく離れた売上高を実現させることができ、収益面でも強い会社となっている。

そしてもうひとつ、外食業界がコロナ以前から抱えていた大きな課題が、人手不足

だった。有効求人倍率が全産業ベースで上がっていったが、それでも1倍台。ところが職業別の有効求人倍率を見ると、外食産業はホールスタッフが約4倍、キッチンが約3倍など、全国的に人手が足りない状況にある。

東京にいたっては、8倍、9倍という数字になることもある。これは、人を1人雇うのに、10店舗で取り合いをするくらいの状況だということだ。

そしてコロナが明けて、空前の人手不足が起きているが、**物語コーポレーションの大きな強みは、まさに人材採用力が圧倒的だという点にある。**

持続的な成長をしていくためには、大卒の新卒採用を行っていかなければいけないと、今からおよそ25年前に決断。「若い人に興味を持ってもらえる」という視点を加えて社名を変更し、英語の経営理念を策定した。

トップ自らが学生に訴えかける理念型採用や一人ひとり内容の異なる入社激励書授与式、新卒を「幹部候補生」と呼ぶなど、独自の取り組みが学生の高い支持を得て、優秀な人材の獲得に成功している。

現社長の加藤央之氏は、34歳という若さでトップに就任したが、彼も新卒で入社した一人である。

理念・ビジョン――「Ｓｍｉｌｅ ＆ Ｓｅｘｙ」自分らしく生きよう

物語コーポレーションの経営理念は「Ｓｍｉｌｅ ＆ Ｓｅｘｙ」。若い人を意識して作られた理念とも思えるが、これが社内では強烈に浸透している。そして、物語コーポレーションの強さのひとつがこの理念にある。

例えば「焼肉きんぐ」は、20年に焼肉業界で売り上げナンバーワンになった。背景にあるのは、食べ放題の概念を変えたことだ。

食べ放題なのに、席に座ったままタッチパネルで注文ができる。質のいいお肉が食べられ、「焼肉ポリス」と呼ばれているスタッフの接客やうまくお肉を焼けない人をサポートしてくれる〝おせっかい〟なサービスも支持を得ている。かつての〝安かろう悪かろう〟のイメージを覆したのだ。

しかし、こうした仕組みや構造は真似をされかねない。本当の企業の強さは見えないところにあることに物語コーポレーションは気づいている。小さな差別化の積み重ねである。

物語コーポレーションの経営理念

経営理念

Smile & Sexy

「自分を表現しようぜ」: Be Sexy!

「自分を磨こうぜ」: Smile !

私たちは
"Smile & Sexy"
すなわち
素敵に自由に
正々堂々、人間味豊かに
それぞれの「自分物語」
みんなの「会社物語」
を語る

Storyteller : 語り部
でありつづけます

"Smile" は、「笑顔」「元気」「マナー」「表現力」、
"Sexy" は、「自分物語を作ろう」
「個性を豊かに表現しよう」という意味です。
自分らしく生きる中で経験する成功や失敗は、
人を成長させ魅力的にします。
常に成長を続ける人間は、自然に成熟自立の道を歩み、
自らの意思決定が出来るようになります。
まさしく「自己実現する人」となるのです。
素敵な生き方をしながら自分物語を歩む人間が
集まるところが会社であれば、
おのずとそこには素敵な会社物語が生まれます。

実は細かなところに仕掛けがたくさんある。山ほどの改善を繰り返し、進化し続けているのだ。これは、簡単に真似することはできない。そして、こうした取り組みを実現しているのが、理念と文化である。

社員一人ひとりが思ったことを率直に明言すること。それを受け入れてもらうためにも人間力を磨くこと。これが「Ｓｍｉｌｅ ＆ Ｓｅｘｙ」である。自らを表現する人が、応援される自分作りをしていく。これこそが、自己実現につながる。それを、全社を挙げて支援している。

単に言いたいことを言う、というだけのことではなく、自分の言葉が会社の成長につながることを認識している。また、それが自分の存在意義となり、自分のオリジナリティを作れたり、自分の人生を生きられるというメッセージを送る。

違う言葉でいえば、自分だけの「物語」を作れるということである。だから、**社員からはどんどん意見が集まり、それが会社を進化させ続けることになる**。

飲食店の既存店は、普通に展開していたら売り上げを落としていくものだ。前年までと同じことをしていたら、成長は難しい。課題を克服したり、新しい取り組みをしていったりすることが必要になる。そこで、重要になるのが、現場からどんどん提案が上がってくることなのである。

しかし、これが簡単ではない。だから「Ｓｍｉｌｅ ＆ Ｓｅｘｙ」なのだ。社員が自発的に問題提起をしたり、声を上げたりできるようにする。そうした文化を作っていこう、という取り組みである。それは自分のためにもなるし、会社のためにもなる、という理念だ。

一人ひとりにこの理念が浸透すれば、膨大な現場の声が上がってくる。お店は小さな課題をクリアし、独自で新しい取り組みに挑み、進化し続けることができる。思ったことを明言する。受け入れてもらうために人間力を磨く。それは自分らしく生きる自己実現にもつながり、会社の成長にもつながる。「Ｓｍｉｌｅ ＆ Ｓｅｘｙ」という理念の浸透が、真似されない会社の強さを生んでいる。

ビジネスモデル――大きな市場に差別化、地域一番店戦略で入り、シェアを狙う

物語コーポレーションのビジネスモデルのポイントは、焼肉、ラーメン、寿司といった大きな市場に差別化、「地域一番店戦略」を持って入っていき、シェアを取っていくこ

とにある。**ニッチを狙うのではなく、安定的に存在する市場をどう攻略していくか、**だ。

差別化、「地域一番店戦略」については、一つの打ち手だけではなく合わせ技で考えていく。

もちろん立地にも一番主義を取りながら徹底的にこだわるが、お店の規模も他社よりも大きな店を作る。

ストアロイヤルティの観点からも何屋なのかをはっきりとわかる屋号をつける。大きい看板、ストリートサインにこだわる。

また、名物商品を作る。丸源ラーメンは、塩ラーメンでも、とんこつラーメンでもない醤油ラーメンという大きな市場をメインターゲットにしているが、そこで「熟成醤油ラーメン　肉そば」という名物商品を作っている。

価格も、ある程度は価格破壊を意識しつつも、ディスカウントというより、ボリュームゾーンを狙っていく。ハイエンドも基本的に狙わない。多利用動機を意識し、大衆の人たちが来店しやすい店作りを意識している。

接客サービスは、アナログの接点を重視する。「おせっかい」というキーワードを先に挙げているが、人らしいサービスを大事にしている。また、アプリを使った固定

マス市場 × 地域一番店戦略 → 4つの差別化要因

焼肉、ラーメン、寿司など
大きな市場

立地
規模
外装
価格

わかりやすい
外装
規模
焼肉
郊外
他店
焼肉きんぐ
他店
ボリュームゾーンの価格
大きな市場

さまざまな差別化
要因による
地域一番店
戦略

客化にも取り組んでいる。

船井総合研究所は、「差別化の8要素」として、立地、規模、ストアロイヤルティ、商品力、販促力、接客力、価格力、固定客化力を掲げているが、差別化はこうした要素の中の一つだけでは難しい。**複数を組み合わせた合わせ技で差別化を図り、地域一番店を実現させているのが、物語コーポレーションだ。**

その中でも上位に来るのが立地であり、規模であり、ストアロイヤルティだが、物語コーポレーションのこだわりは、いずれも相当なレベルである。

例えば、外装は、デザインもどんどんバージョンアップさせていく。いいデザインはどうしても模倣され、ブランドの同質化、陳腐化が進むからだ。

「焼肉きんぐ」も初期の店は看板が黄色と赤色、そして安さを訴求したが、似たような看板が出てくると、どうしても埋もれてしまう。すでに「焼肉食べ放題」「3180円」という認知ができ上がったと判断し、新しい外装を作り上げていった。

そして差別化、地域一番店戦略を実現させるにあたって、重要なキーワードになっているのが、人材開発である。外食業は人件費のウエイトが高い事業構造であり、食材原価に次ぐ。この人材をいかに活性化し、業態開発や店の進化に結びつけ、また顧客に良い印象を与えられる人材に育て上げていくか。ここに物語コーポレーションは大きな力を入れている。

一つは、意思決定ができる人材、リーダーシップを持った人材を育てること。「Smile & Sexy」という経営理念のもと、組織よりもまずは個、自分らしい生き方を尊重することで、社員のモチベーションを高めている。

社員一人ひとりが思ったことを率直に明言することは、社内の多様性の実現につながる。それがさまざまな議論を活発にする文化を生む。議論からは化学反応が生まれ、店舗や事業におけるイノベーションにつながっていく。

表面的に事業の形を真似することができても、こうした文化を真似することは難しい。また、議論を丁寧に行っていくために、意思決定には手間も時間もかかる。実際、物語コーポレーションの取り組みを視察した経営者からは、「どうしてそこまで工数をかけるのか」という声が上がることもある。

しかし、**トップが「答え」を部下に伝え、それをそのまま実践する、というようなやり方を物語コーポレーションでは行わない**。特定のテーマに対して、考えるプロセスから関わらせる。それによって多様な意見をもとに議論ができるだけでなく、人材は育っていく、という考え方なのだ。

ともすれば非効率に見えるやり方であることは、物語コーポレーションも自覚している。これは必要悪である、とも言っている。ただ、今この瞬間だけ切り取ると非効率に見えるかもしれないが、長期にわたって人を育てていく、あるいは開発発想ができるプロフェッショナル人材を作っていこうとすると必要な工程である、という考え方である。

外食業界は、特許で守られたり、規制や免許で守られるような世界ではない。参入障壁も低く、すぐに模倣もされるため、陳腐化のスピードが速い。だが、**外から見えるところは真似ができても、外から見えないところは簡単には真似ができない**。

この「外からは見えないところ」で差別化をしっかり行っておくことが、長期的に発展していくためには重要だという考え方である。

実際、コロナ禍でもコロナ以前のような積極的な出店攻勢を続けていたが、これは人材が育っていたからこそ、できることだった。

歩んできた道――「ハイイメージ付き大衆商法」を発想

1949年、創業者・小林佳雄氏の母であるキミヱ氏が、愛知県豊橋市で、おでん屋「酒房源氏」を創業したところから歴史は始まる。69年、株式会社げんじ設立。しゃぶしゃぶ店「しゃぶ&海鮮源氏総本店」をスタートさせ、郊外立地での店舗展開が始まった。

当時、しゃぶしゃぶは、ハレの日にしか食べないものだった。しかし、しゃぶしゃぶをより一般的に感じてもらおうと考え、大型店舗で多くの人に来店してもらう「ハイイメージ付き大衆商法」を発想。大衆を対象にしながらも、ハイイメージを作っていくというスタイルはこのときから始まった。

これが後に、「焼肉一番カルビ」の店舗展開につながっていく。「丸源ラーメン」のラーメンはハイイメージではないが、大型店で営業する、というところが価値を作った。まさに多利用動機の顧客をたくさん迎えることに成功した。

醤油ラーメンはマーケットが広いという点も魅力だったが、そんな中でも少し尖る商品が広がっていくと、「肉そば」を看板メニューにした。オーソドックスにも、新しさを持たせる商品として成功した。

97年、小林氏が称号を「物語コーポレーション」に変更。この社名には、社員が自分の人生の物語を描いていき、それらが集まって会社の物語ができる、という想いが込められている。経営理念「Ｓｍｉｌｅ＆Ｓｅｘｙ」は、このときに策定された。

08年、株式を上場。その後、上海、インドネシアに海外展開している。

収益性——自社の強さとフランチャイズの強みをミックス

自社の運営店舗においては、売上高を作りにいくことでトップラインを上げ、損益分岐点からいかに離れて収益率を高めていくかに留意していることは先に触れた。物語コーポレーションにとって大きいのは、もう一つ、フランチャイズビジネスを展開していることだ。

自分たちの経営のノウハウを提供することによって、ロイヤルティという収入が得られる。

ただ、フランチャイズビジネスを展開する企業の中には、フランチャイズばかり増やしていくチェーンも少なくない。

だが、**物語コーポレーションは、直営とフランチャイズがおおよそ半々ほどの比重で成長してきた。だからこそ、絶えず自分たちでビジネスを自分ごととしてノウハウも開発することができ、陳腐化を防いでいる。**フランチャイズという外の目もありながら、自分たちも店舗ビジネスの当事者として向き合っている良いバランスがある。

一般的にフランチャイズビジネスでは、同じ環境で店を作っても、直営のほうがパフォーマンスが高い傾向にある。フランチャイズオーナーも、もちろん自分のビジネスとして捉えているが、商売への本質の理解や身の入り方という点では、やはり直営のほうが強い。

だが、物語コーポレーションは、パフォーマンスだけでは、判断はしない。例えば、この地域であれば3店舗を同じオーナーに見てもらったほうがいい、と判断すれば、同じオーナーに委ねる。

マネジメントの対象数が一定の塊になったほうが、マネジメント効率は良くなり、人材も育つ土壌ができる。どんな形が、最も双方でＷｉｎ－Ｗｉｎになるか、それを考えながら、フランチャイズ戦略は練られている。

持続的成長性――コンセプトをしっかり定めた会議で事業が進化

経営理念「Ｓｍｉｌｅ ＆ Ｓｅｘｙ」に基づく議論文化が、常に会社や事業、店舗の進化を加速させており、これが持続的成長性を高めている。象徴的なのが、毎週必ず行われている「業態改善会議」だ。

ビジネスモデルをどうアップデートしていくか。マーケティングコミュニケーションの精度をどう上げていくか。さまざまな議題が、焼肉やラーメン、お好み焼き、しゃぶしゃぶなど、業態ごとに毎週議論される。

飲食店は、SNSやYouTubeといったインターネットでの接点から、広告チラシ、店舗の外装、また店に入ると什器やお皿の状態、接客など、顧客体験として「ああ、良かった」と声が出てくるまでに、たくさんのタッチポイントがある。それを一気通貫で、どう良くしていくか、担当者が提案、徹底的に話し合うのである。

会議のコンセプトは「これからやることの設計を決めたり、具体的な商品やデザインをプレゼンしたりする場、効果検証をする場」。常に開発、改善こそが命だということだ。

「この検証は甘い」「原価率はどうなっているか」「試食してどう思ったか」「オペレーションはどうなのか」などさまざまな質問が飛び、担当者が応答する。ここで承認されないと、次回の会議に回ることもある。会議での事項決定もサイクルが速く、1、2週間後には決定が行われる。

また、「危機予測会議」もある。今、目の前にあることばかりではなく、未来を見たときにどうか、チャンスはどこにあるのか、といったことを議論する場。「経営幹部だからこそ、必死に危機予測をし、提案しよう」「経営幹部だからこそ、当たり前に領空侵犯し、提案しよう」「経営幹部だからこそ、チャンスに目を向け、提案しよう」という会議コンセプトが掲げられている。

他にも「部門戦略会議」「サインデザイン会議」「営業改革会議」など、コンセプトをしっかり定めた会議が定期的に行われている。

外装の変更については先に触れたが、物語コーポレーションの外装へのこだわりは強い。模倣されて埋もれていく、という課題もあるが、ここには業態修正という観点もある。

例えば、お好み焼きであれば、ストリートサインには鉄板焼きで提供するステーキやエビの写真を載せていた。しかし、一度立ち戻って考えたとき、お好み焼きと鉄板焼きのマーケットでは圧倒的にお好み焼きが大きいことがわかった。

となれば、このストリートサインでは、お好み焼きのアピールができていない。それを仮説として、黄色の看板で視認性を良くし、筆字体で「お好み焼」と書いた。同時にマーケットの小さい鉄板焼きはなくして串カツにした。ストリートサインで業態を修正することができたのだ。結果として顧客の増加につながった。

そしてまだ、お店が新しかったとしても、業態修正するときには、全店舗で変える。だから、外装の改装のスパンが短い。これだけの投資をすることで、売り上げを上向

店舗の外装は話し合いを行い、何度も変える

外装の変更前は看板の色が白く、写真など要素も多かったため「お好み焼」が伝わりづらく、価格の表示も小さかった。

外装の変更後は看板の色を黄色くして目立たせ、マーケットの小さい鉄板焼きから串カツにし、写真もなくし、訴求したい価格を前に打ち出した。

かせている。

「サインデザイン会議」では、こうしたことが徹底的に議論される。ストリートサインは、顧客への重要なコミュニケーション手段だからだ。

例えば、情報の受け取り手が郊外の家族客で、子どもからお年寄りまで来店するとなれば、どんな書体がいいのか。どんな大きさであるべきなのか。その質感を感じるためには、何色の壁がいいのか……。こういうことをしっかり議論する。

誰かの鶴の一声で「これがいいのだ」となってしまったら、「では、それでいきましょう」となりがちである。組織は、考えないほうがラクだからだ。しかし、さまざまな目線で議論をしなければならないというプロセスを踏むことで、間違える確率が減る。

どんな優秀なリーダーでも、100打数100安打でヒットが打てるわけではない。打てなくなったとき、他に代わりを務められる人がいない状態だとすると、もう誰も育っておらず、この先は無理だ、ということになりかねない。

会議もそうだが、**物語コーポレーションは、全階層で次のリーダーを作っていくための仕組みが回っている。**

これが、持続的成長性を可能にする。

顧客満足度――人だからできるサービスにこだわる

例えば「焼肉きんぐ」は、「この値段でこのクオリティの肉が出てくるのか」と驚きの声が上がるとよく耳にする。

3180円で食べ放題のビジネスでは当然、原価率が高くなる。ここで、どれだけ質のいいお肉をメニューに入れられるか。原価が上がらないようにしながら、顧客満足度をどう高めていくか。その実現に物語コーポレーションは挑んできた。

食べ放題は、時間との戦い。タッチパネルで注文することができるのは、提供スピードを速めるためだ。

また、接客サービスにも力を入れている。「焼肉きんぐ」では、顧客においしい肉の楽しみ方を提案する「焼肉ポリス」がいる。彼らが席を見回り、求められれば、顧客に焼き方を徹底指導する。

食べ放題店には珍しい〝おせっかい〟とも言えるこのスタイルは、「顧客にお肉をおいしく食べてもらいたい」「食事の時間を楽しんでもらいたい」という思いからだ。「焼肉きんぐ」流のこうしたおもてなしも顧客満足度を大きく高めている。

物語コーポレーションは、配膳・運搬ロボット「Ｓｅｒｖｉ（サービィ）」（※）をいち早く現場に投入したことでも話題になったが、これは省人化や、コロナ対応での非接触を意図したものではなかった。人間にしかできない接客サービスに力を入れるため、店舗の価値を高めるためだ。

料理の運搬という機能自体は人でなくてもできる。それは機械に委ね、「焼肉ポリス」や、しゃぶしゃぶのサポートなど、人間にしかできないサービスにスタッフのリソースを割こうという考え方である。配膳などをロボットが担うことで、人だからこその仕事の質を高めることが目的だった。

スタッフの負担軽減や生産性向上の視点もあるが、やはり顧客満足度向上のための取り組みとしての意義が大きい。実際、ロボットを入れたことで、店舗の顧客満足度は向上している。

※「Ｓｅｒｖｉ」の名称はソフトバンクロボティクスの登録商標です。

接客サービスはDXでメリハリをつける

配膳など人でなくてもいい仕事は機械に任せる

人は人だからこそできるサービスの提供に専念する

組織力——多様な価値観のぶつかり合いこそがイノベーションを生む

経営理念「Ｓｍｉｌｅ ＆ Ｓｅｘｙ」が浸透し、社員一人ひとりが思ったことを率直に明言する空気がある。議論文化があり、会議でも猛烈に意見が飛び交う。こうした企業カルチャーをベースに、組織は常に活性化している。

イノベーションは、多様な価値観が存在したほうが起こりやすい。そのためには、まずカルチャーとして一人ひとりが発言しやすいこと、議論をすることが正義だという前提条件が大切になってくる。そうでなければ、多様性は生きない。

経営理念でも明言をうたっているが、そのカルチャーをさらに強めるべく、物語コーポレーションには驚くべき慣習がある。会議の前に、「明言のすすめ」という長い文章を全員で唱和するのだ。

そこには、明言することがいかに大事か、反応や発信、明言は意思決定の見える化である、明言するから議論が生まれる、というメッセージがしたためられている。これをわざわざ毎回、唱和してから会議を始めるのである。

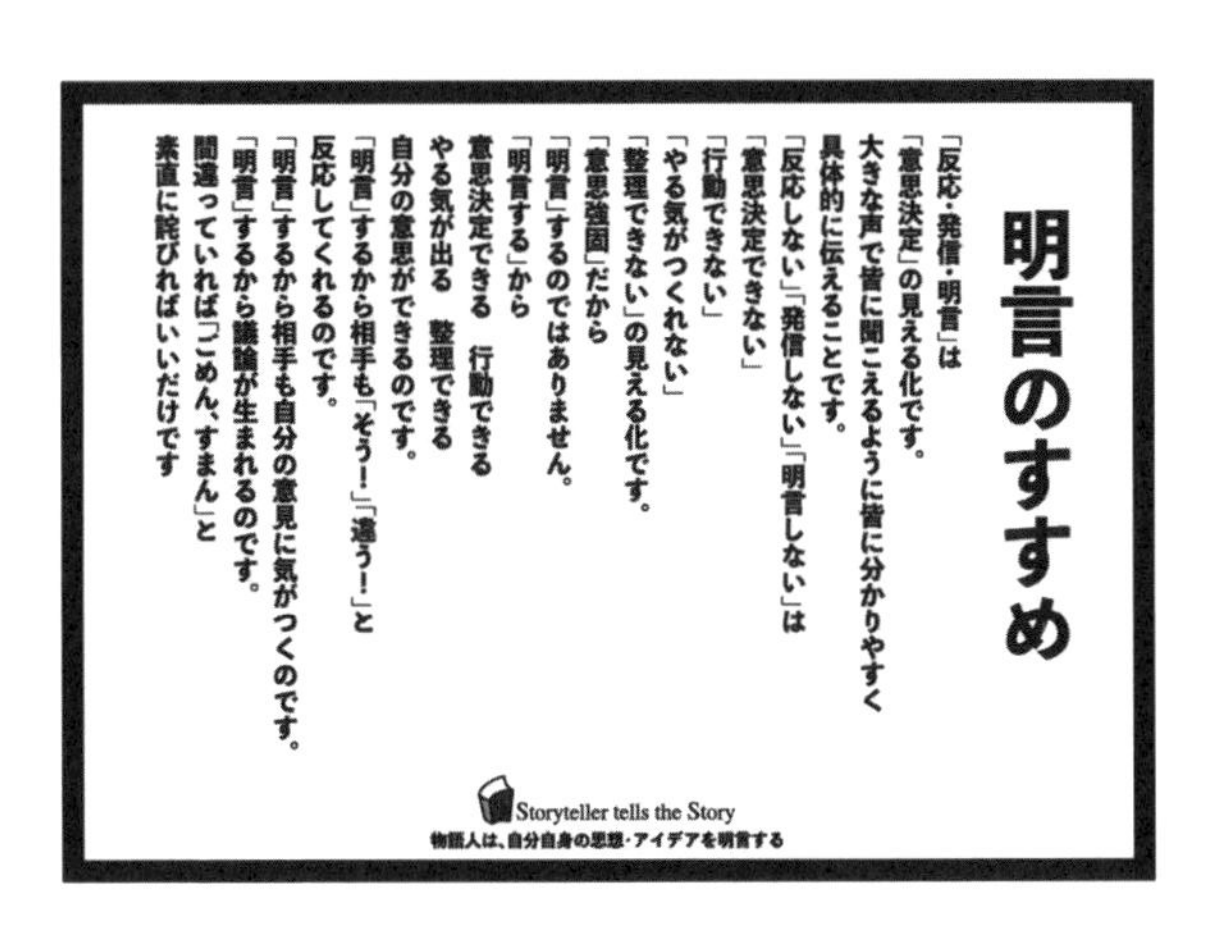
明言のすすめ
「反応・発信・明言」は
「意思決定」の見える化です。
大きな声で皆に聞こえるように皆に分かりやすく
具体的に伝えることです。
「反応しない」「発信しない」「明言しない」は
「意思決定できない」
「行動できない」
「やる気がつくれない」
「整理できない」の見える化です。
「意思強固」だから
「明言」するのではありません。
「明言する」から
意思決定できる　行動できる
やる気が出る　整理できる
自分の意思ができるのです。
「明言」するから相手も「そう！」「違う！」と
反応してくれるのです。
「明言」するから相手も自分の意見に気がつくのです。
「明言」するから議論が生まれるのです。
間違っていれば「ごめん、すまん」と
素直に詫びればいいだけです
Storyteller tells the Story
物語人は、自分自身の思想・アイデアを明言する

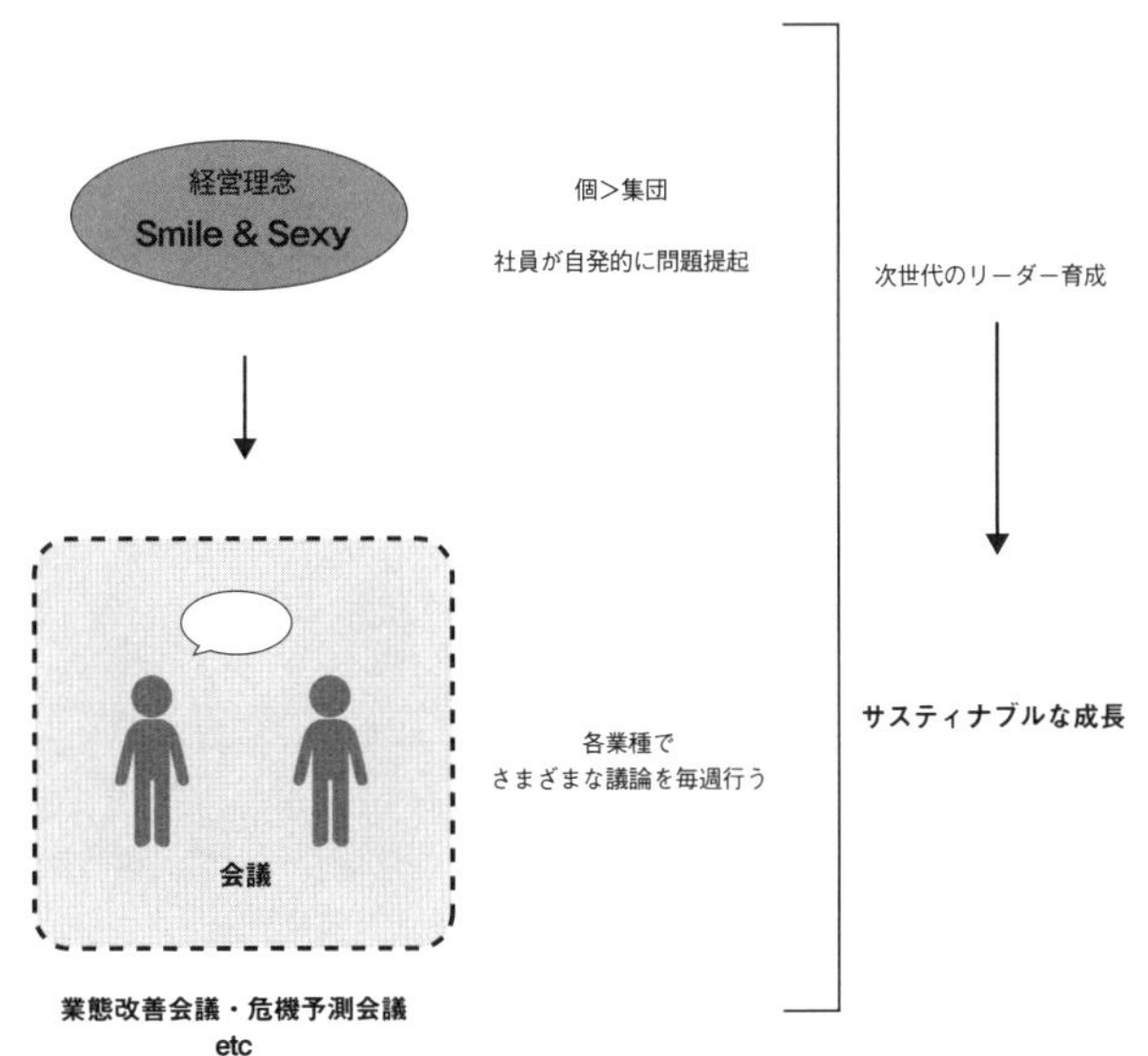
経営理念
Smile & Sexy
個>集団
社員が自発的に問題提起
次世代のリーダー育成
会議
各業種で
さまざまな議論を毎週行う
サスティナブルな成長
業態改善会議・危機予測会議
etc

イエスマンばかりでは、トップが間違えたら会社は終わる。多様で多角的な意見に基づいた意思決定をすれば、正しい方向に向かいやすい。

これは、一人ひとりを思考停止にさせないという意図もある。率直に議論する文化があれば、なんとなく空気に流されることもない。人前で発言するとなれば、自分自身もその意味を深く考えるようになる。常に説明責任が求められ、リーダーも育つ。

一方で、朝令暮改もよしとする、としている。間違ったと思えば訂正しなければ発展が遅くなる、という考え方である。逆に、間違ってもいいから発言せよ、ということだ。

自ら声を出すから、成長できるという面もある。たとえ未熟でも、何らかの意見を言うから、相手からの反応がある。そうすることで自分に足りなかった視点も得られる。わかったような顔をして座っていたところで、何も学べない。明言しないと成長できないのである。

こうした環境の中で育ったリーダーの象徴が、弱冠34歳で社長に就任した加藤氏である。入社してから、ずっと言いたいことを言い、成果を出してきた。

だが、このカルチャーをもっと強化していきたいと加藤氏は語る。どうすれば、もっと社員に声を挙げてもらえるか。そのために、手を替え品を替え、いろんな発信をしている。

朝礼でも真っ先に伝え、人事制度にも落とし込まれている。率直な明言をしてもらうために、継続的な努力が続けられている。だからこそ、この強い組織カルチャーは維持されているのである。

約1400人の社員がいるが、物語コーポレーションは年間で300名強の採用を推し進めている。加えて、外国人採用にも積極的で、新卒で40～50人の採用を行っている。

理念共感型の採用活動を行っており、会社の思想や考え方、価値観は浸透しやすい。一方でプロフェッショナル人材になるまでには一定の時間がかかるので、その間を〝キャリア〟と呼ばれる中途入社の専門知識があるプロ人材でしっかり埋めていくというバランスで組織は構築されている。

社会性——外国人の新卒社員が成長、母国でのビジネスを発想

多くの人々に喜ばれる良質な飲食チェーンを世に出している、という点の社会性は言うまでもないが、日本の飲食業のポテンシャルを海外にも輸出しようという取り組みが進んでいる。しかも、日本の物語コーポレーションをしっかり理解した人材が、である。

現在、物語コーポレーションは、中国で焼肉や蟹、ハンバーグなどを食材として使った約20店舗を展開している。中国を大きな市場として捉えている一方、インドネシアにも進出する。これが、なかなかない経緯なのだ。

先にも触れたように外国人採用を推し進めており、アジアから新卒採用を取り始めていた。その外国人人材が物語コーポレーションのことを理解しながら成長し、日本で活躍し始め、リーダーシップ、マネジメントをする力もついてきた。こうした人材の能力を活かすためにインドネシアに出店しよう、というのである。

当然、商売が成立するかが重要であり、戦略的に狙ってできたことではないという

が、これまでの飲食業にはない海外展開となっていくかもしれない。

日本はこれから人口減少の時代を迎える。企業としてグローバルな視点を持つことが求められてきているが、これからの日本企業にとっても参考になるエピソードといえる。

この企業から学ぶこと

●やろうとしていることを簡単に諦めない

個の尊重しかり、明言のすすめしかり、議論文化しかり。自分たちがやろうとしていることを、簡単に諦めないという点だ。

フランチャイズの加盟企業が数百店舗もあり、従業員数でいえば3万人を超えるスケールになっている中、あるべき姿を波及させていくことが、いかに難しいか。それでも、どうすれば同じような目線を持ってもらえるか、組織として動かしていくことができるかを設計しようとしている。

議論することは実際には、簡単なことではない。答えがすぐに出るわけでもない。繰り返し議論をし、それを積み上げていく中で、ようやく答えに近づいていくことができる。極めて面倒なことだ。

規模の小さな組織ならいざ知らず、これをこのスケールの会社が諦めずにやっているという事実は、大きな学びと言える。

そしてもうひとつ、若い人たちに支持される企業としての考え方だ。日本もかなり成熟した国になってきて、自分らしくありたいということが、はっきりとした価値観として確立されてきている。

そんな中で、集団の価値観や尊厳よりも、個の尊厳のほうが上なのだ、個を尊重するのだ、と明言していることは、若い人たちにとって大きな魅力に映ると考えられる。また、思っていることを言っていいのだ、というメッセージは、積極的な人材には良い会社として捉えられるだろう。実際に、成長企業なので新しいポストやチャンスが次々に出てくることも大きい。

こうした考え方に加えて、トップ自らがセミナーで発信する理念型採用、一人ひとり内容の異なる入社激励書の授与式、新卒は「幹部候補生」と呼ぶなど、採用戦略も大きな学びがある会社だ。

執筆：船井（上海）商務信息咨詢有限公司　董事　副総経理　二杉 明宏

Chapter 07

グレートカンパニーアワード2010
その他特別賞

高シェア・高収益を実現技術開発」とへの取り組み

――ハードロック工業

ハードロック工業の主力商品
「ハードロックナット」

「絶対にゆるまないねじ」という強い商品で小さなマーケットをしっかり押さえ、計画的な特許により、市場における優位性を常にキープ。また「価値のわかる必要な人に届けるためには、売るための努力が欠かせない」と、流通に頼らない自社の営業体制を構築。コロナ禍でも新たな販売方式を確立するなど、時代に合わせてさまざまな取り組みを続ける。

ニッチ市場で「オンリーワン「営業DX」

秀逸なポイント

高い商品力、「価値をわかってくれる顧客に、自分たちで売る」営業への意識と、状況に合わせた手段のアップデート

□ニッチな製品だからこその販売努力
- → 卸に頼らず最終ユーザーへの販売を行い、また新製品開発にもつなげる
- → 「売るために必要なのは知名度」と広告などでブランディングを強化

□自社製品の権利をしっかり守る知財戦略
- → 計画的な特許で知的財産権を長く守り、他社の模倣を許さない
- → 世界中で自社製品の商標を取得

□コロナ禍により展示会での営業ができなくなったことを機に、営業 DX を強化
- → Web 経由の新規リードを展示会の 20 倍以上獲得
- → Zoho の導入で問い合わせ数を 4 倍以上に増加

企業プロフィール　ハードロック工業株式会社

業務内容：ゆるみ止めねじの開発製造販売（製造業）
所在地：大阪府東大阪市川俣
創業：1974 年
代表者：若林 雅彦
資本金：1,000 万円
従業員数：88 名〈2022 年 6 月〉

業界の姿①製造業――価格競争に巻き込まれない独自技術のモノづくり

国内の製造業は、激しい価格競争にさらされている。特に、技術的に成熟した分野では海外移転が著しい勢いで進んでおり、常に海外とのコスト競争が起こる。町工場が集まっている東京都大田区や大阪府東大阪市でも、町工場の減少が、国内製造業の競争力を脅かすものとして問題視されている。

そんな中、東大阪市に本社を置き、従業員は100名に満たない中小企業でありながら、100%国内生産で、またねじ(ナット)という極めて成熟度の高い業界で、世界的に高い競争力を誇っている会社がある。ハードロック工業だ。

ハードロック工業の大きな特徴は、「絶対にゆるまない」という独自技術を持っていること。これが、完全な差別化ポイントを生み出し、価格競争とは無縁の状況に身を置くことができている。

実際、ハードロック工業のねじは、日本の新幹線をはじめ、瀬戸大橋や明石海峡大橋などの橋梁、さらには風力発電機や原子力発電所で使われている。また、イギリスやドイツ、台湾といった世界の高速鉄道でも採用されている。「ねじのゆるみ」で悩む、あらゆる構造物、機械装置を陰で支えているのである。

「アイデアは人を幸せにする」という考え方をベースに、「絶対にゆるまないねじ（ナット）」というオンリーワンであると同時に、50年近くにわたって売れ続けているロングセラー商品にもなっている。74年の創業以来、会社は一度も赤字になったことがない。

また、**価格競争を回避できている理由は、独自の技術があることに加えて、「製品」ではなく「商品」を持っていることも大きい**。

製品と商品は似ているが、その中身は違う。製品は依頼されたものを、完成度を高めて作っていくことである。商品はそうではなく、ネーミングがあり、パッケージングがされていて、価格も体系化されている。

日本では、図面を支給され、図面通りの製品を作る受託型の製造業が圧倒的に多く、自社で商品を持っている会社が少ない。また、独自技術を商品に落とし込むスキルが足りない。これが、価格競争から抜け出せない理由にもなっている。

ハードロック工業は、「困っていることに目を向ける」というアイデア志向、さらにはマーケティング志向で、自社の価値訴求を行い、価格競争を回避するストーリーを作り上げている。日本の製造業がハードロック工業から学べることは多々ある。

業界の姿②――特定顧客、特定業界に依存しないための営業力強化

日本の製造業が抱える問題点の2つ目は、特定顧客に依存しているケースが多いことだ。特定の1社に依存していたり、取引企業そのものは複数あるが業界が限られていたりする。そうなれば特定の企業や業界に万が一、何かあれば、大きなリスクを背負うことになってしまう。また、価格も当然、企業内や業界内で縛られたものとなる。

この点でも、ハードロック工業は注目だ。鉄道、橋梁、原子力発電設備など幅広い領域で利用され、たくさんの業界と取引をし、たくさんの顧客数を持っているのだ。さらにイギリスや台湾、中国など海外展開にも積極的だ。

日本国内は人口が減少に転じており、当面は成長が見込める雰囲気にはない。国内市場を対象とする建設業や外食産業・流通業は、その多くが不況に苦しんでいる。国内市場のみをビジネスの対象としている中小企業も同様だ。

一方で、日本の製造業に対する世界の信頼感はとても高い。ロボットや制御装置は代表的なもので、日本のものづくりへの評価は揺らいでいない。こうした中で、ハードロック工業は、積極的に海外に出ることを意識し、たくさんの顧客を獲得している。

そして国内しかり、海外しかり、**ハードロック工業が多くの顧客を持っている背景には、「営業」を極めて重視してきたことが大きい**。技術で勝負している会社に見えるが、実は「小さな会社は営業が命」という原体験を持ち、営業に力を入れてきたのだ。

オンリーワン商品を生み出すためのアイデアは大事だが、「良い商品だから売れるとは限らない」とハードロック工業は断言する。しかも中小企業こそ、営業に力を入れなければならないとする。なぜなら、大企業のようなブランド力がないからである。

従業員が50名ほどだった時代から、営業担当は貿易担当も入れると10名近かった。それだけ営業に力を入れてきたのである。

そしてこの強い営業意識が、コロナ禍でも生きた。コロナ禍がやってきて、多くの中小企業が営業に苦戦することになった。顧客と出会う機会になっていた展示会も行われなくなり、しかもリアルでの商談ができなくなってしまったからだ。

そこでハードロック工業がいち早く取り入れたのが、ＤＸとデータ活用による営業

DXの導入だった。これが新規顧客の獲得手段となり、受注までの営業プロセスの改善にも役立った。コロナ禍をきっかけに、さらに営業を強化することに成功したのである。

理念・ビジョン――人を幸せにするアイデアは利他の心から生まれる

ハードロック工業は、理念経営をうたっている。会社の基本理念は次の3つだ。

「心豊かな創造性を磨き、無から有を生み出し進展させる」

「アイデアの開発を通じ、人と企業と産業社会の発展に貢献する」

「この社会はわが社のための道場であり、見るものふれるもの、全てがわが師である」

これを毎日の朝礼で唱和している。唱和するうちに、身に付いてくるもの、という考え方からだ。

「アイデアは人を幸せにする」は創業者であり、会長の若林克彦氏の座右の銘。子どもの頃からアイデアを形にすることで人に喜ばれた経験を持っていた若林氏は、その原点をそのままに「ゆるまないねじ」の発明に至った。

３つの理念は、その思いがベースになっている。そしてこの理念を実行しようとするとき、若林氏が語る考え方が「たらいの水の原理」だ。これは、「良い〝心状態〟を心掛ける」ためである。

たらいに水が入っている。このとき、水を自分のほうへ引き寄せようとすればするほど、水は逆に向こう側に流れていってしまう。ところが、たらいの水を相手のほうへ押し出せば押し出すほど、逆に水はこちらのほうに流れてくるのだ。

つまり、何かを一方的に自分の手に入れようとするのではなく、顧客や社会に喜んでもらおうとする努力をすればするほど、それは自分に返ってくるということである。こうして、良い〝心状態〟をこころがけることが、良いアイデアが生まれてくるための前提になる、というのだ。

いい仕事、いい結果には、人格が必要になる、というのがハードロック工業の考え方なのである。一人ひとりの人格が高まらないことにはいいものはできない。ものを作る前に、人を作ってきたのだ。

象徴的なものに、始業前の「掃除」がある。始業は8時30分だが、従業員は8時には出勤する。そして本社周辺の清掃を8時から15分間、徹底的に行う。毎日、掃除をすれば、ゴミはもうない。しかし、若林氏はこう語る。

「形やないで。掃くことで心が磨かれるんや」

つまり、清掃は「心の浄化」。掃除をすることにより「たらいの水」の原理に見られるような、自分の儲けばかりに固執する「マイナスの徳」ではなく、世のため人のために、あるいは顧客のためにという「プラスの徳」が備蓄されていくという。

その徳はお金と同じで、備蓄しておけば、何があっても自分の思いを叶えやすくしてくれる。精神的な土台作りになっていくのである。

アイデアを形に変えていく過程で、備蓄された「プラスの徳」があれば、良いものと触れあうことで、良い商品が生まれるというのだ。

すべての結果には、原因がある。「因」にプラスの徳が加われば、良い結果が出る。逆に、マイナスの徳（悪徳）が加われば、悪い結果が出る。悪因悪果である。因がしっかりしていなければ、結果はうまくはいかない。世間に対しても貢献することはできないのである。

そして、良いアイデアを生み出すためには、常に好奇心を持ってモノに接し、感じることが大切になる。若林氏は、成功の3要素として「好奇心」「情熱」「計画性」の

3つを挙げている。

創業者の若林氏が作り挙げた理念経営は、現社長の若林雅彦氏にも受け継がれている。

ビジネスモデル――技術志向とマーケティング志向が両立

ハードロック工業のビジネスモデルの中心にあるのは、絶対にゆるまない「ハードロックナット」だ。例えば、日本が誇る高速鉄道、新幹線は、16両編成で2万本ものボルトが使われている。

時速250キロでの走行中、もしボルトを締めるねじやナットがゆるんで外れ、脱落したりしたら大事故につながりかねない。だが、それを回避するための点検、さらには締め直しには大変な労力と費用がかかってしまうことはすぐに想像できる。ここで絶対にゆるまない「ハードロックナット」なら、新幹線の安全走行を安価に支えてくれるのだ。

「ハードロックナット」のアイデアは、極めてシンプルである。ねじとナットの間にクサビを打ち込んで、ゆるみ止めの効果を発揮させようというものだ。しかし、施工現場でねじやナットを使うたび、クサビを打ち込むのは効率的ではなく、現実的でなかった。

そこで考えついたのが、1本のボルトに「凸凹」形状の2つのナットを使う方法だった。凸形状の下ナットは、凸形に加工する際に少し芯をずらすことで、クサビの役割を果たすことになる。

凹形状の上ナットは、凹形に加工する際に芯をずらさないことで、ハンマーでクサビを打ち込む機能を実現させた。この2つのナットががっちりとかみ合えば、ゆるみはまったく起きなくなる。

2つのナットを使うため、通常のナットよりは高コストになり、値段も高くなる。価格は普通のナットの4～5倍だ。

しかし、新幹線にしても橋梁や原子力発電所にしても、膨大な量のボルトについて、点検やメンテナンスを行うには、とんでもないコストがかかる。「ハードロックナット」なら一度締めればメンテナンスは不要。保守点検に必要な手間とコストを大幅にカットできる。他のねじやナットよりは高くても、「ハードロックナット」を使うという方法が現実的になるわけだ。

ハードロックナットの「絶対にゆるまない」原理

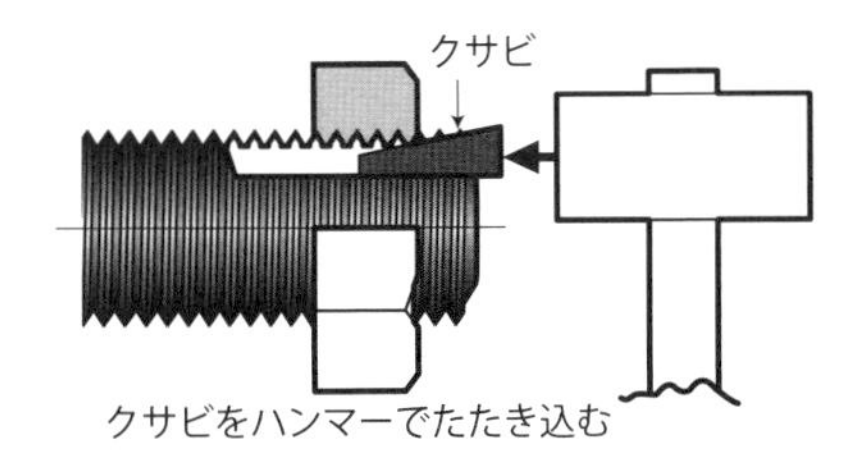

クサビをハンマーでたたき込む

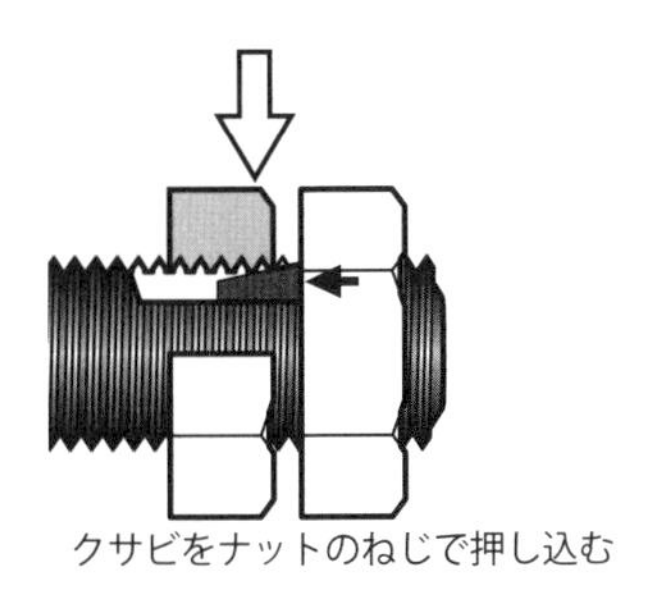
クサビをナットのねじで押し込む

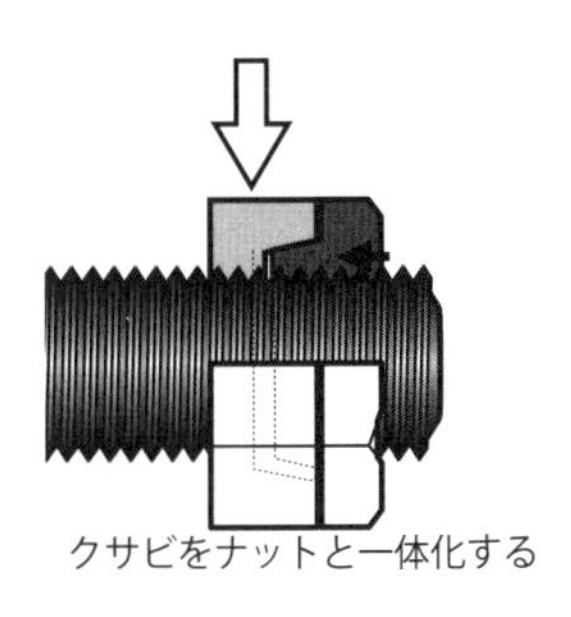
クサビをナットと一体化する

76年、関西の大手私鉄で採用が始まり、その後、電力設備向けにも採用。用途も拡大して、事業は急成長していった。

05年、日本の澤俊行・現広島大学名誉教授によって、アメリカ機械学会でハードロックナットの絶対にゆるまないメカニズムが発表された。これにより、世界から注目を集めるようになった。世界一厳しいとされるNAS（米国航空宇宙規格）の振動試験でも優秀な成績を示した。

イギリスでは06年、国内で起きた鉄道事故を検証するBBCのドキュメンタリー番組で「ハードロックナット」の有効性が紹介され、国内の鉄道が一斉に採用に踏み切った。

これまでにオーストラリア、ポーランド、中国の鉄道で採用され、台湾の新幹線でも開業以来の人身事故ゼロに貢献している。

鉄道以外でも、日本では明石海峡大橋、自立式電波塔として世界一の東京スカイツリーでも採用。アメリカのスペースシャトルの発射台や海上掘削機など、世界各国・地域で使われている。

一方で、絶対にゆるまない「ハードロックナット」には、弱点もあった。凹ナットと凸ナットの2つのナットを使うため、重量が増加し、コストもかかる。また、2つのナットを締める必要があるため、それだけ作業の手間もかかる。

そこでこうした弱点を改良するべく、さまざまな挑戦を続けてきた。性能を維持した上で、より理想的なナットに近づけていくべく、商品開発を続けていったのである。

そして「ハードロックナット」という独自商品の強みに加えて、**ハードロック工業のビジネスモデルの特徴は、先にも触れたように営業に力を入れていることだ。**技術志向の会社だが、マーケティングも両立させているという稀有な実例といえる。

どんなに良い商品でも、売れるまでに最低2、3年はかかる、知ってもらわなければ売れることはない、という考えのもと、粘り強い営業活動を創業期から推し進めていた。

最初はトップ自らが営業にあたっていたが、大切にしていたのが、あくまでも「最終ユーザーの評価・ニーズ」を把握することだった。

ねじのような商品は、卸問屋がメーカーから仕入れたものを販売店に卸し、さらに販売店がエンドユーザーにルート販売を行う多段階での流通構造になっている。

背景にあるのは、ねじのような商品のメーカーは昔から中小零細企業が多く、かつねじの種類が多いため、一社ですべてのタイプの商品を製造することができないことだ。そのため、大きな倉庫を持って、多種多様なねじを取り扱う便利屋的な卸問屋制度が生まれたといわれている。つまり、卸問屋に依存する体質の業界なのだ。

しかし、卸問屋が最終ユーザーの評価やニーズを把握しているとは限らない。実際、ゆるまないねじも「こんなものは売れない」と当初はけんもほろろの対応をされていた。しかし、**ハードロック工業は、卸の先にある最終ユーザーにまで出向き、その目で評価を確かめてもらう取り組みを進めたのである。**

とはいえ、挨拶に行ったところで、新しいものは使ってはもらえない。そのため、何度も会いに行く、とりあえず商品を使ってもらう、キーパーソンにつながる人を探るなど、あの手この手の粘り強い営業を繰り広げた。ここから、顧客が増えていったのだ。

自社の販売先が最終ユーザーとは限らない。多くの場合、販売先のその先、あるいはそのまた先に最終ユーザーがいる。そこにまで踏み込んで売り込んだのである。だが、その先、そのまた先まで営業することで、「実際に自社の商品を使ってくれている人が困っていること」がつかめた。これが、後の商品開発に活きた。

商品力に頼らず営業に力を入れるハードロック工業の販売体制

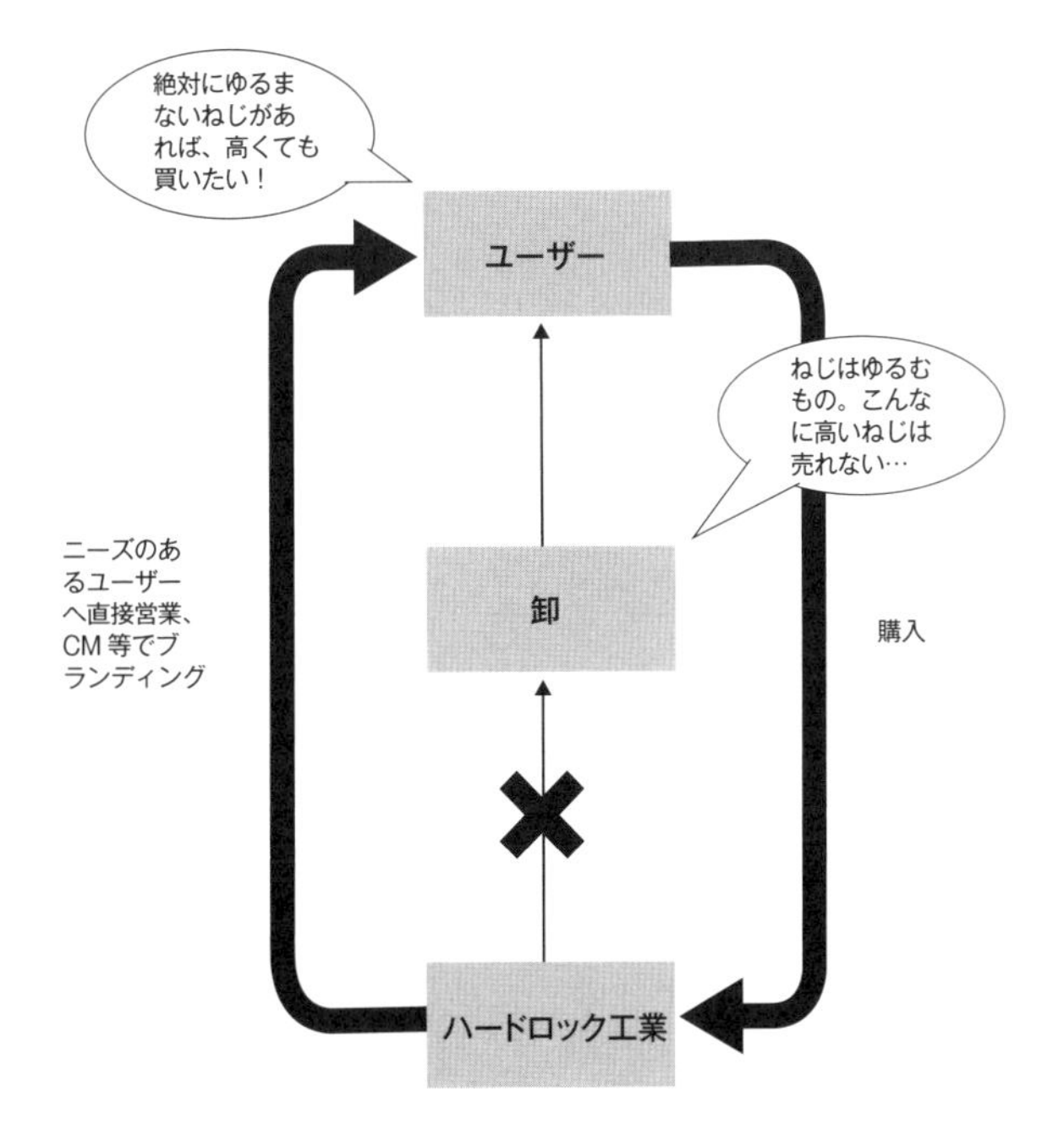

営業でニーズのあるユーザーへの販路を拡大し、特定顧客に依存しない販売体制を確立

また、知名度を上げる努力も怠らなかった。中小企業は知名度がない。ほとんどのケースで、新しい顧客は自社のことを知らない。これは、営業上、とても不利になる。一から自社のことを説明しなければならないからだ。

そこで早くから新聞、専門誌、ラジオ、テレビ、インターネットに広告を出している。球場に看板を出したり、最寄り駅の電車内で「ゆるみ止めナットのハードロック工業へお越しの方は、次でお降りください」という案内広告を流したこともある。

中小企業こそ、広告などをフル活用して、知名度を上げる努力をしていかなければいけない、というのがハードロック工業の考え方。広告はコストではなく、投資なのである。そして知ってもらえればメディア露出も増える。これが、ますます知名度を高めてくれる。

それこそ、顧客に自社のことを覚えてもらうという意味では、「なんでもいいから他社にない特徴を作る」ことも意識していた。創業者の若林氏の趣味と実益を兼ねた鉄道模型はその象徴である。

広い会社内に鉄道のジオラマを作るだけでなく、人を乗せて走れる「ミニSL」まで作り、名物になった。これが取材につながったり、話題になったりして、ハード

「製品に関する有効な特許が常にある状態を保ち続ける」知財戦略

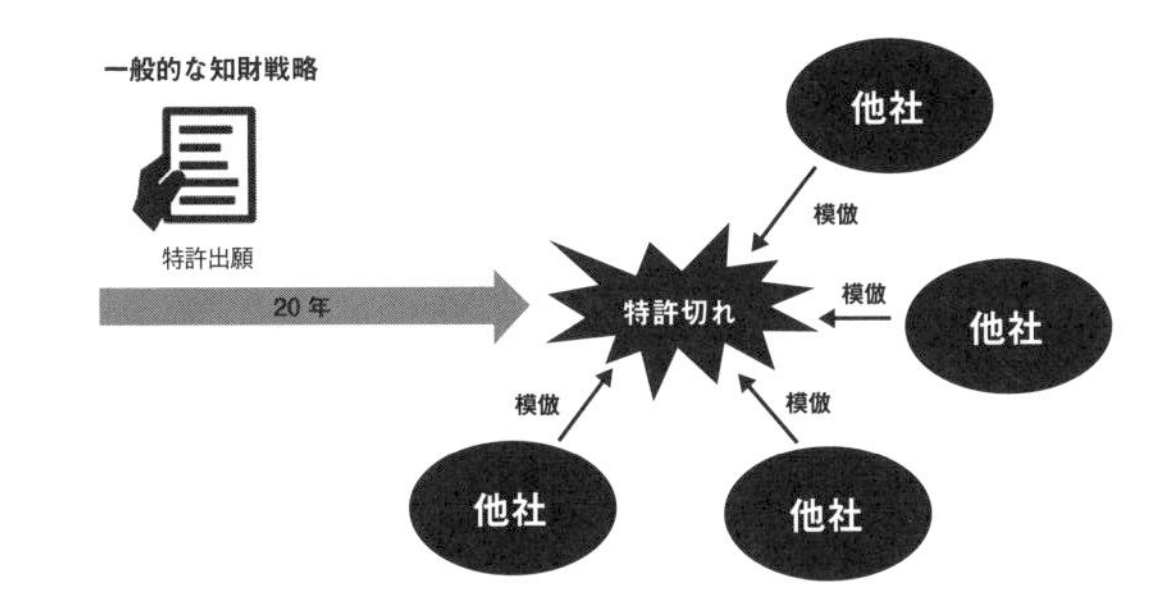

特許が切れた瞬間に他社が模倣し、優位性が低下

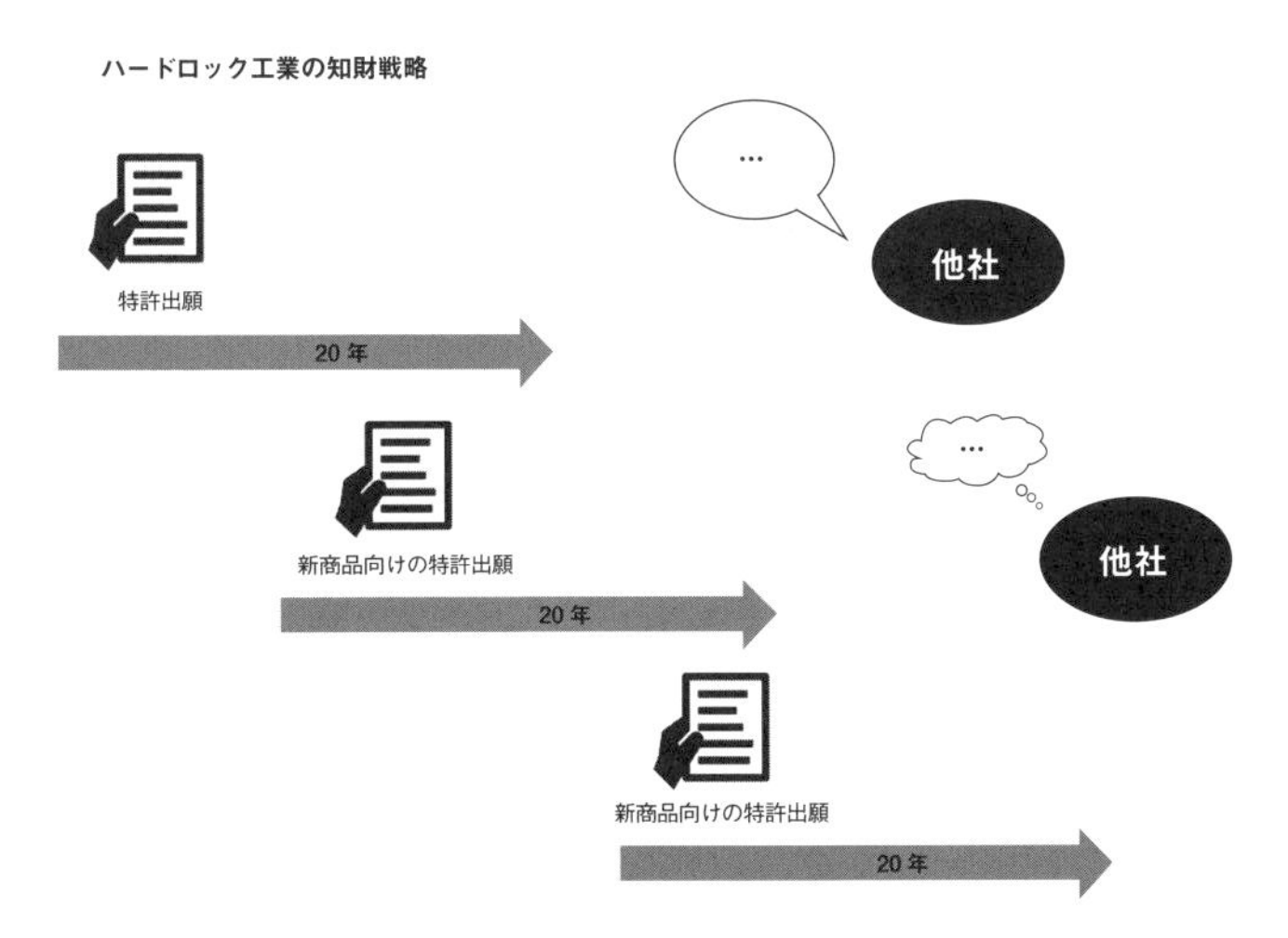

計画的な特許で自社製品の知的財産権を長く守る

ロック工業の知名度アップに貢献したのだ。「なんでもいいから他社にない特徴を作る」ことも、中小企業の営業には大きな意味を持つのである。

さらに、ハードロック工業のビジネスモデル、もうひとつのポイントは特許戦略である。「ハードロックナット」が世界的な商品になっても、技術革新に余念がなかった。

顧客のニーズや製品自体の課題を解決した新たな技術を製品に導入した改良品を次々に開発し続けたが、これには特許戦略という理由もあった。**新しい商品にすることで、特許で保護される期間を1日でも長く伸ばすことができるのだ。**

特許の存続期間は特許出願から20年である。しかし、特許出願から商品の試作、売り込みをしていると、すぐに2、3年はたってしまい、マーケットに浸透して販売が軌道に乗った頃には、特許で保護される期間が経過してしまうこともある。

そこで、マーケットから得られた顧客からのニーズを反映させた新商品向けの特許出願を、その都度、事前に行っているのだ。

ハードロックナットのオリジナルの特許はすでに切れているが、最初の製品で生じた課題を解決し機能を向上、改善した形で進化しており、その都度特許を取得している。最新版は19年で25の国と地域で特許を取得している。

また、「ＨＡＲＤＬＯＣＫ」という商標を41の国と地域で取得している。ハードロックナット以外にもその派生商品等で軸受用のロックナット「ＨＬＢ　ハードロックベアリングナット」六角穴付き止めねじタイプ「ＨＬＳ　ハードロックセットスクリュー」またシングルタイプの「ＳＬＮ　スペースロックナット」や「ＳＬＢ　スペースロックベアリングナット」を開発し商品化している。

必要な登録はその都度行っており、**知的財産権に対する意識の高さも、ハードロック工業のビジネスモデルにおける大きな特徴である。**

そしてここに、コロナ禍を経て、新たに「営業ＤＸ」が組み込まれることになった。

歩んできた道――「絶対にゆるまないねじ」のヒントは、住吉大社にあった

もともと創業者の若林氏はものづくりが好きだった。小学校4年のときに疎開先の長野県で簡単に種まきができる「種捲き機」を発案したり、高校時代には万年筆のインクが常に一定量になるよう設計された「定量付着インク瓶」を発明。不便を解消するものづくりに強く惹かれていた。

そんな中、60年に大阪で開かれた国際見本市で、若林氏が出会ったのが「戻り止めナット」だった。ステンレス製針金を留め金にしてゆるみを防ぐ複雑な構造で、価格も高かった。

ハードロック工業のルーツは、若林氏がこれをサンプル品として持ち帰ったことにある。自分なら、もっと簡単で安くできると考え始めたのだ。やがて、板バネでボルトのねじ山をはさみつける方法を思いつき試作すると、思った通りの効果を発揮した。61年、勤めていたバルブメーカーを退職。「Uナット」と名付けたこの商品を製造販売する会社を設立した。

だが、それまで世の中になかった考え方を持つ「Uナット」は、卸問屋からまったく理解してもらえなかった。これが、営業の大切さに気づいた原点だった。**今、存在していないものを売ろうとするなら、問屋に頼ってはいけない**ということだ。

直接、エンドユーザーを回り、コンベアメーカーから初受注。コンベアメーカーにゆるみ止めナットが売れることがわかると、同じようなメーカーをリストアップして営業に回った。4年目に黒字を達成、事業は順調に成長し、10年目には月商1億円を突破できるまでになった。

ところが73年、思わぬ事態が起きた。ゆるまないナット「Uナット」だったが、削岩機や杭打ち機に使われ、強い衝撃を受け続けると、ゆるみが出るケースがあることがわかったのだ。市場が拡大したことで、クレームが出たのである。

こうして「絶対にゆるまないナット」の発明への挑戦が始まる。思い詰め、苦しみ、突破口が見つからずに行き詰まる中で、ヒントを得たのは、「気分転換に神頼みでも」と立ち寄った住吉大社だった。

大鳥居を見上げてハッとした。鳥居の継ぎ目の要所要所が離れないように、古代建築特有のクサビが打ち込まれていたのだ。原理は簡単ながら、クサビは打ち込まれることで強力な締結力を発揮する。

ナットとボルトの隙間にクサビを打ち込めばいいのではないか。これがヒントになって、「ハードロックナット」が生まれる。そして「Uナット」の製造販売会社は共同経営者に譲り、74年にハードロック工業を立ち上げた。

ただ、すぐに売れることはないという覚悟があった。当初は「たまご焼器」「ペーパーホルダー」を開発してヒットさせ、苦しい期間を乗り越えた。

継続して営業活動を推し進め、「ハードロックナット」は3年目に関西の大手私鉄で採用が決まる。やがて鉄道技術研究所の厳しい試験もクリア。100万キロ走ると全数交換する新幹線の採用が決定。このことが「ハードロックナット」のブランド力を大きく高めることになった。

その後、鉄塔や橋梁、原子力分野に拡大。海外展開にあたっては、大手総合商社から人材をヘッドハンティングした。00年には自社内に貿易部門を設置。05年以降、海外取引が本格化していく。

収益性——市場のシェアが高いからこそ、高い収益を得られる

収益性の高さは、「絶対にゆるまないねじ」という他社が真似できないものを作っているがゆえ、である。また、ニッチ市場の中で事業を展開しているため、市場のシェアが高い。これが、収益の高さにつながっている。

なぜ他社が真似できないのかというと、市場規模が小さいことも大きい。市場規模が小さい中でシェアを取っていくことは、戦略の王道のひとつ。こうした正しい戦略を取った上で、理念経営をしている。

理念経営で間違ってはいけないのは、理念経営そのものに価値があるわけではないことだ。掃除をすればいい、道をきれいにすればいい、クレドを作ればいい、といったことではない。それは、やったほうがいいことではあるが、センターピンではない。センターピンとは、本業の競争優位である。

誕生日カードを配る、ありがとうカードを作るなども、やらないよりはやったほうがいいが、センターピンを押さえておかなければ、事業は続かない。

持続的成長性――コロナ禍で営業ＤＸを導入。問い合わせ数はかつての4倍に

技術志向とマーケティングが両立できている稀有な会社だと先に触れているが、コロナ禍を経て、営業力がさらに強化された。ＤＸとデータ経営で、新規顧客を獲得する力、さらには受注プロセスがさらに改善されたのだ。

実はコロナ以前から、顧客の購買行動は少しずつ変わり始めていた。今やスマートフォンひとつで、いろいろなことができる時代である。飲食店でも、事前にファストフードのアプリで注文をしておけば、店に行って待たずに受け取って決済できてしま

える。

こうした購買行動は、ビジネスの世界にも少しずつ入り始めていた。となれば、顧客の購買行動に合わせたビジネスモデルやビジネスプロセスに変えていくのは当然のことになる。だが、対応できている会社は多くはなかった。

そこにやってきたのが、コロナ禍だった。製造業などで調達担当者は、かつては仕入れ先を探すために展示会を活用していた。また、かつての人脈や出入り業者に話を聞くこともあった。ところが、コロナ禍でそういうことができなくなってしまったのである。

一方で、スマートフォンで何でもできるようになり、当たり前のように仕入れ先もインターネットで検索され、調べられるようになった。そうすることで、正しい情報が得られることも増えていった。

この状況に対策を打っている会社と、打っていない会社には、大きな差が生まれることになった。

もとより営業活動とマーケティングは違う。営業活動とは、目の前にいる人を共感させる技術である。マーケティングは、目の前にいない人に情報を伝えて共感しても

らうことである。

マーケティングは、相手の立場に立たないとできない。だからこそ、この領域では、自社でやろうとするのではなく、プロを活用したほうがメリットは大きい。

ハードロック工業は、コロナ禍によって売り上げ減少を余儀なくされた。主要な取引先だった鉄道の利用者数が激減、鉄道用途のネジ需要が激減したのだ。また、新規開拓も困難になっていた。

それまでの主なプロモーション手段は展示会だった。年間８本前後の展示会に出展していたが、コロナ禍で展示会は軒並み中止。営業面で大きな痛手を被った。

そこで現社長の若林氏が船井総合研究所と手を組み、取り組みを進めたのが、Ｚｏｈｏ（ウェブベースのオンラインアプリケーションサービス）だった。従来の営業担当者による対面営業メインの営業スタイルから、「オンライン営業」といわれる顧客周りＤＸを導入することを決断したのだ。

もともと生産現場のＤＸについては、かなり早くから取り組みを進めていた。取得が最も難しいといわれるＪＩＳＱ９１００といった航空宇宙の品質マネジメントシステムを全社で導入することで、必然的に現場改革が始まり、「現場の見える化」を実現した。

しかし、営業部門はＤＸが進んでおらず、Ｅｘｃｅｌ帳票、紙帳票がメインで、営業活動そのものも属人的なものになっていた。コロナ禍のもと、社長の若林氏は「ピンチはチャンス」とばかりに、Ｚｏｈｏによる顧客周りＤＸに取り組んだのである。

まず進めたのは、「ソリューションサイト」の立ち上げだ。企業ホームページとは異なる、特定のソリューション専門のＷｅｂサイトだ。ねじに関連する情報を探している人たちを対象に「ねじ締結技術ナビ」をスタート。記事コンテンツや動画コンテンツ、ダウンロード資料などを用意した。

ハードロックナットのような特殊なねじを使用する人がねじに関する情報を探そうとすると、ねじに関する情報が多々掲載された「ねじ締結技術ナビ」がヒットし、訪問することになる。**このソリューションサイトによって、新規開拓を展示会に依存していた状態から、Ｗｅｂサイトからの新規開拓を行えるようになった。**デジタルマーケティングの導入が、それを可能にしたのだ。しかも、展示会を上回る集客成果が得られるようになった。

ハードロック工業のホームページは月間アクセス件数約2万、ＰＶ数約10万件、

ソリューションサイト「ねじ締結技術ナビ」

ねじ締結技術ナビを活用したハードロック工業の DX 営業

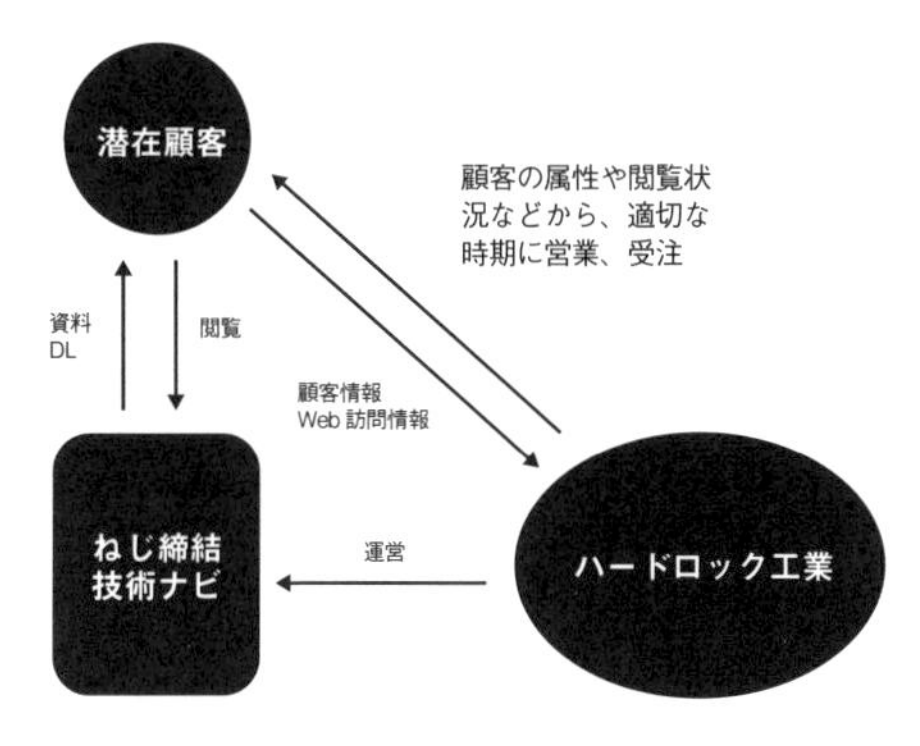

「ねじ締結技術ナビ」は、月間アクセス件数約2万、ＰＶ数約7万と、開始から3年で大幅に増加している。

新規リード獲得件数も月間３００～４００件に達し、展示会に出展していたときに比べ、20倍以上の新規件数を獲得できている。

さらに、デジタルマーケティングでは、マーケティングオートメーションというテクノロジーによって、顧客の反応がわかる。ソリューションサイトをいつ、どのページのページをどのくらい見ているかなど、訪問者の行動が可視化できるようになったのだ。その行動からハードロックナットのニーズが発生していると思われる見込み客に対しては電話をかけるなど、直接営業を行った。ニーズが高まっているときなのでオンラインの商談に進みやすく、効果的な営業が行えるようになった。

また、これまでは展示会、資料請求と、それぞれをＥｘｃｅｌ管理していたため、顧客情報を統合して把握することができなかった。Ｚｏｈｏで「カスタマー・リレーションシップ・マネジメント（ＣＲＭ）」を導入、すべての顧客情報が一元化されたことにより、顧客ニーズや営業状況が一目でわかるようになった。

さらに、これまではＥｘｃｅｌベースでの日報が主な営業管理ツールだったが、Ｚ

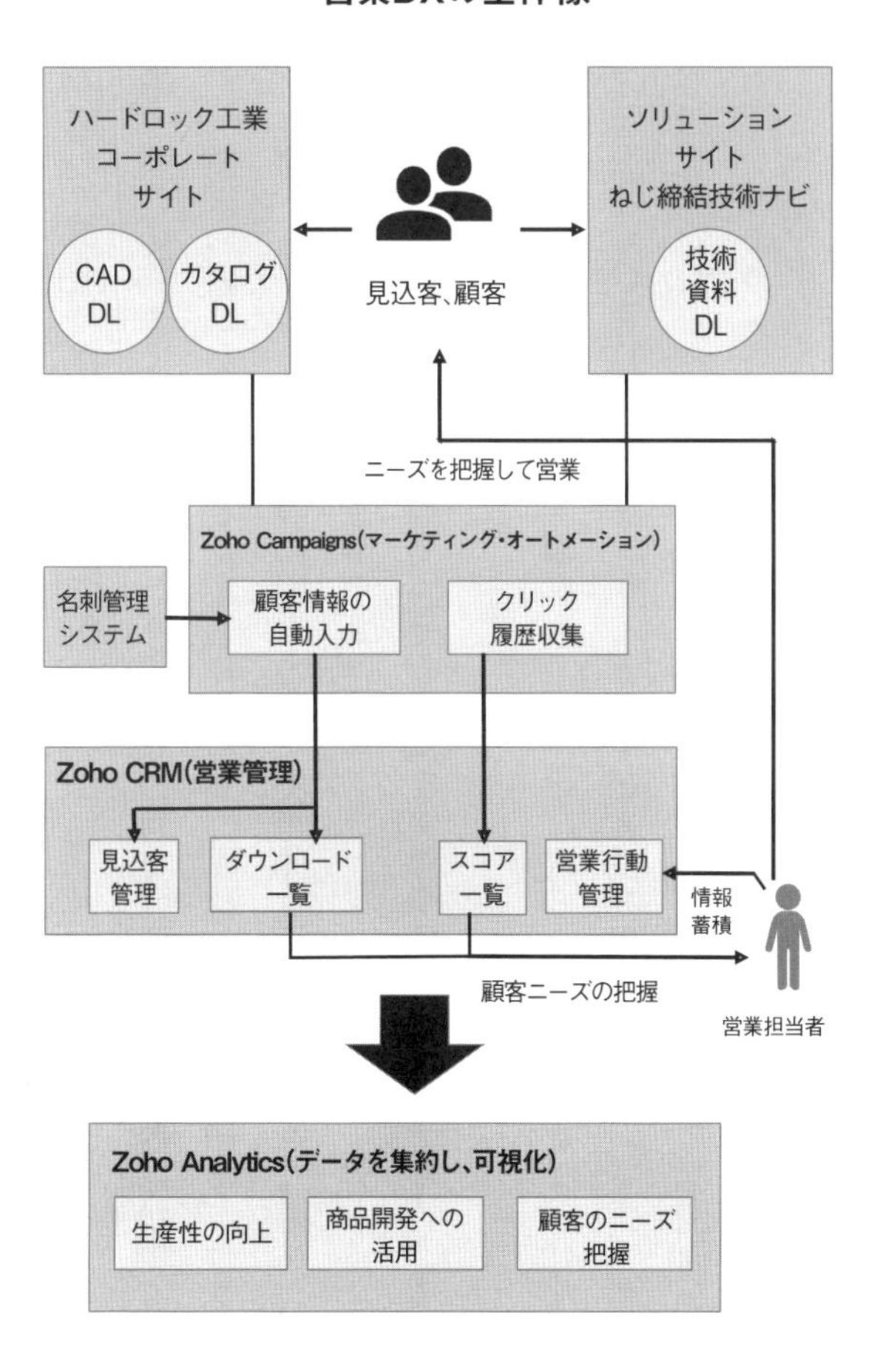
ハードロック工業のZohoによる
営業DXの全体像
ハードロック工業
コーポレート
サイト
CAD
DL
カタログ
DL
見込客、顧客
ソリューション
サイト
ねじ締結技術ナビ
技術
資料
DL
ニーズを把握して営業
Zoho Campaigns(マーケティング・オートメーション)
名刺管理
システム
顧客情報の
自動入力
クリック
履歴収集
Zoho CRM(営業管理)
見込客
管理
ダウンロード
一覧
スコア
一覧
営業行動
管理
情報
蓄積
顧客ニーズの把握
営業担当者
Zoho Analytics(データを集約し、可視化)
生産性の向上
商品開発への
活用
顧客のニーズ
把握

ｏｈｏによる「セールスフォース・オートメーション（ＳＦＡ）」を全営業担当者に導入。スマートフォンからも簡単に入力ができるため、営業アプローチが効率化し、営業活動の見える化と営業生産性の向上を実現させた。

一連の取り組みの成果として、**Ｚｏｈｏ導入６カ月で、問い合わせ数はかつての４倍に**。また、従来の鉄道を中心とした産業に代わり、これからの成長産業と目される工作機械、ロボット産業からの多数の引き合いを獲得することに成功した。

顧客のさまざまな関心事項、要求事項もソリューションサイトによってダイレクトに収集することができるため、新製品開発の貴重な情報源にもなっている。営業と技術部門との連携も強化できた。

中でも大きな成果となったのが、顧客ニーズが手に取るようにわかるようになったこと。ポイントは、ＣＡＤ図面ダウンロードサービスにあった。新しい図面のダウンロードは、顧客の新しいニーズの可能性につながっている。顧客がどんな図面をダウンロードするかによって、新たな、そして的確なアプローチが可能になったのである。

顧客満足度——他社が真似できないものを作っている

「絶対にゆるまないねじ」としての評価は、鉄道から始まった。その後、建設・土木、電力・鉄塔、道路・橋梁、製鉄・プラント、建機・重機・農機、輸送機器、さらには産業機器にも広がっている。

ユニークなところでは、ジェットコースターの車輪軸止め、ボブスレーのエッジ締結部、スネアドラムのチューニングボルトのラグ締結、電動キックボードのフロントフォークの締結などがある。

さまざまな用途で、世界各国・地域に広がっていることが、何より顧客満足度の証しである。

組織力——理念が社内に浸透していることが、組織力につながっている

理念経営を行い、理念がしっかりと社内に浸透していることが、組織力につながっ

ている。毎日、経営理念が唱和されているほか、考え方や理念は図示され、社内にポスターとして掲示され、一体感を作り上げている。

メディア露出が多いことは、人材吸引力につながっており、採用力も強い。

社会性——日本の小さな会社に、大きな夢を与えてくれている

世界に通用する日本の中小企業の象徴的な例と言える。100人に満たない小さな会社が、世界に冠たる日本の新幹線の技術を支え、世界中から商品を求められている。

しかも取り扱っている商品は、ハイテクとは程遠いが、技術的には完全に成熟した分野といってもいいねじである。一見すればローテクだが、工夫の余地があったのだ。ローテクでも、コツコツと突き詰めていけば、他社との差別化も可能になる。普通の会社であったとしても、その分野で世界一になることができる。

ハードロック工業の考え方は、「世の中のモノは常に不完全。必ず改良の余地がある」だ。だから、どんなビジネスにだってチャンスがある。

日本の小さな会社に、大きな夢を与えてくれている。

この企業から学ぶこと

●「新しい市場を創る」のに必要な「売る努力」の源泉は「理念」

ハードロック工業がねじ・ナットという特殊でニッチな市場で大きなシェアを取っていること、常に新しい商品を提供し続けていることができているのは、①理念、②実際の商品、③売る努力の一糸乱れぬ一連の流れができているからである。

創業者の若林氏が作り上げた「アイデアは人を幸せにする」「発明で世の中を良くしていく」という理念が、会社全体に浸透している。その考えの代表商品として有名なのが、ハードロックナットである。

「絶対にゆるまないねじがあれば、必ず世の中の役に立つ！　この商品で世の中を良くしたい！」そのような確信、信念のもとで開発された商品だからこそ「売れる・売れない」ではなく「売らなければならない！」という発想で取り組んでいる。

想いの下に行うのが「売る努力」だ。独創的で新しい商品だからこそ、市場にはすぐに受け入れられるはずがない。「市場の理解を超えている」商品なのである。

だからこそ「理解してもらうアクション」が必要となる。Ｃｈａｐｔｅｒ５のワークスマイルラボでも「働き方改革という言葉もない時代に新しい働き方を売るべく、顧客の理解を進めるための来店体験型オフィスを作った」という話が出てきた。

新商品を世に出そうとする中小企業が必ず飛び越えなければならないハードルは、まず知ってもらう、理解してもらうことだが、これには時間も労力も必要だ。ハードロック工業が苦しみ、さまざまな施策を行ったときの発想、やり方は、大いに参考になる。苦しくても続けてきたのは、高い志と理念の下「この商品は絶対に世の中の役に立つのだから、売らなければならない！」という強い想いである。

同社はコロナ禍でまったく知識がなかった営業ＤＸも開始したが、そのチャレンジ精神の源泉はどんな状況になろうと「売らなければならない！」という信念、覚悟があったからだ。その信念や思いが大きな成果を出すことにつながった。

ＤＸは政府も推進しているが、「ＤＸをすれば売れる」という単純な話ではない。ＤＸで成果を出すには、事業への想いややり方に信念がなければならない。

執筆：ＤＸ開発推進室　マネージング・ディレクター　片山　和也

本書のまとめ

環境の変化、逆境に対応し、チャンスにすら変える会社に共通するもの

ここまで、7つの企業のビジネスモデルや行っていることについて見てきた。

最後に、コロナ禍をはじめとした昨今の大きな経営環境の変化と、これらの会社がどのように対応してきたかを説明する。

7つの会社は自社を襲うピンチをむしろプラスなものにし、持続的な成長を続けている。

7つの会社に共通するもの、環境の変化に負けない経営に必要なものをお伝えしたい。

皆様のビジネスモデルを作成したり、経営について考える際の参考としていただきたい。

「コロナ禍をチャンスに」グレートカンパニーとコロナ禍

ここまで7つのグレートカンパニーの姿、企業としての強い点を見てきました。

昨今の企業経営を語る上で避けて通れないのが、コロナ禍です。新型コロナウイルスの感染拡大は、多くのビジネスに深い影響を及ぼしました。

本書で取り上げた企業も、例外ではありません。シアーズホームグループさんは、住宅展示場に来場してもらう従来の集客方法が機能しなくなりました。

ハードロック工業さんは、これまでは展示会に出展し、興味を持った来場者と名刺交換をして後日商談に訪問していましたが、コロナ禍でそのようなことができなくなったのです。

物語コーポレーションさんは、飲食店という接客のビジネスそのものが大きな影響を受けました。

「コロナ禍で売り上げを大幅に落とした」

数多くの会社がそのような経験をしていますが、グレートカンパニーは逆境と言える大きな環境の変化を受けても売り上げを落とさず、むしろ伸ばしたり、新たな営業・販売の形を構築したりしています。

見方を変えれば**「持続的成長を続ける」がグレートカンパニーの条件でもあります。**

シアーズホームグループさんは、Ｗｅｂでの集客に切り替えた他、ＤＸによる顧客管理を徹底、住宅展示場の来場者に営業する以外のさまざまな営業方法を確立、同時に生産性も向上させたことで、さらなる成長を成し遂げました。

ハードロック工業さんも、従来から力を入れていた営業の方法をデジタルにシフト。元々の商品力の強さもあり、多くの新規顧客開拓に成功した他、これまでの訪問をＷｅｂ営業に切り替えたことで、交通費を削減でき、営業効率も大幅にアップさせています。

現在はコロナもだいぶ落ち着き、住宅展示場には人が訪れ、展示会も再開され、営業のための訪問のハードルも大幅に下がっていますが、顧客情報を正確に把握する、デジタルで営業するなどのコロナ禍を機に確立した新たな形は、従来の手法と組み合わせることで、今後も高い効果を発揮していくことでしょう。

グレートカンパニーがコロナ禍のような危機でもピンチをチャンスにして前向きな

改善ができたのには、「なんとしても自分たちはこの仕事をやっていくのだ！」という強い想いがあります。後ほど詳しくお伝えしますが、それは近年「パーパス」と呼ばれるもの、言い換えれば「内発的動機」であると言えましょう。

多くの会社が「コロナ禍では儲からないから」と従来の事業を転換したり、「コロナの今こそ儲かるから」と新たな事業を始めたり、コロナが落ち着いたからとまたやめたりしている中、グレートカンパニーには時流に合わせながらも、その軸には「この事業を絶対にやめない、必ず何とかする」という強い覚悟があります。

「対応の速さ、スピード」は「以前からの構想」の結果

物語コーポレーションさんは配膳・運搬ロボットをコロナ禍のタイミングで導入しましたが、同社社長の加藤氏によれば、決してコロナ禍を受けて行ったわけではないそうです。

以前から「将来的な人手不足を見越して、人でなくともできる仕事は機械に任せて、人は人だからこそできる仕事に集中し、店舗価値を高めるようにしたい」という思い

が同社にはあったといいます。

船井総合研究所が同社に配膳・運搬ロボット導入を提案したのは、19年のことです。配膳・運搬ロボットは企業として目指すものの実現に寄与するものでしたが、同社にしても、初めは、導入は難しいかもしれないという懸念もあったといいます。

そこで、まずは焼肉やお好み焼など各業態の事業部長などとも、その懸念と期待を含め要望を共有する場を設定。ここでも議論を行い、そのうえで配膳・運搬ロボットのテスト導入を行いました。テスト導入で同社は、十分な安定性や性能の高さを確認し、活用の目途が立ったことから「焼肉きんぐ」での一斉導入を決定したのです。

その際、配膳・運搬ロボットには階段を登れないなど、できないこともあるので、段差のある店舗はバリアフリーにするなど、導入の効果を最も高められるための施策も行っています。

加藤氏は配膳・運搬ロボット導入の経緯について以下のように語っています。

「人は誰でも、慣れないものに対して抵抗があるものです。

配膳・運搬ロボットで50回料理を運んで、そのうち1回でもミスがあると『やっぱりロボットはダメ』という話になりがちです。

社長の私が『絶対にロボットを使い倒す。使って付加価値に変えていく』と言い続けて、理解してもらい、社員の間で『どうすればロボットを有効活用できるか』のナレッジが発信されるようになり、効果が出るようになりました。

ロボット導入の目的などをしっかり伝え、ナレッジの共有などがされて、さらに価値のあるものになる。

ちゃんと目的を理解すれば『ロボットも仲間に』という考えになります」

物語コーポレーションさんの配膳・運搬ロボット導入のタイミングだけを見ると「コロナ禍でものすごい速さで実現した」ように思えますが、先述の通り、その検討自体は19年から行われています。

シアーズホームグループさんも、ハードロック工業さんも、従来の営業手法がいつまでも続かないことをコロナ禍の前から見越して動いていました。

コロナ禍で仕方なく行ったというよりも、コロナ禍を機に、以前から構想していた新たなやり方の導入に踏み切ったというのが、正しい姿です。

新たな方法ですぐに成果を出し、またさらなる成長につなげることができているのは、そのようなプロセスがあるのです。

絞り込む「勇気」

市場がすっかり成熟し、今後の拡大が望めない中でも企業として成長していくためには「絞り込み」が欠かせないと船井総合研究所は考えています。

今回ご紹介したグレートカンパニー7社の優れている点の1つに、この「絞り込み」をしっかり行っている、やり切っていることがあります。

リバティさんは、自社が販売する自動車保険を「本当に良いと考える1つ」に絞っています。

自動車保険は保険会社の数だけあり、売るものが多いほど売り上げも増えそうで顧客にも親切な気がしますから、誰もがつい多くの商品を扱いたくなるものです。

しかし、リバティさんは1つに絞り込みます。そして販売員もその商品の良さを伝えるための商品知識やトークを身につけることに絞り込むので、深い知識を得て、販売数も重ねることでよりその商品に詳しくなり、販売ノウハウを高めることができるのです。

仙台消化器・内視鏡内科クリニックさんは「仙台での内視鏡検査」に絞り込んでいます。

多くのクリニックが「内視鏡検査〝も〟行う」スタンスで、そのために設備が古い、対応している時間が限られるなど、133ページで触れた「患者が内視鏡検査に行かない6つの理由（6つのストレス）」のどれかが存在することになり、検査機会（販売機会）を逃しています。

同クリニックは「地域」と「提供するもの」に絞り込みをした結果、仙台の内視鏡検査受診を考えている潜在顧客に効果的にアピールし、他のクリニックではなく自院が選ばれる形を作り上げているのです。

ハードロック工業さんは商品を磨き上げて「絶対にゆるまないねじ」を発明し、それを「ねじが絶対にゆるんではいけないものを作る」ニッチな市場に供給しています。

このようなニッチな市場で大きなシェアを持っているからこそ、揺るがない地位を確立できているのです。

他のものを捨て、限られた商品、地域、やり方に絞り込むのは勇気が要ります。グレートカンパニーと他の会社を分ける大きなポイントは「勇気」です。

「優れたビジネスモデル」も実行するのは「人」

本書では、7つの企業のビジネスモデルをご紹介しました。

どのビジネスモデルも大変に優れており、その説明だけを見ると、それほど難しいようには見えない、まったく同じように行えば、どの会社でもできるのではないかと感じられるかもしれません。

その一方で、本書をお読みいただいた方の中には、ご紹介したグレートカンパニーのすごさを感じ「とてもうちにはできない」と思われた方もいらっしゃることと思います。

ではなぜ、グレートカンパニーのビジネスモデルがそう簡単には真似できないと思われるのでしょうか？

ビジネスモデルを実現するのは「人」です。どんなに優れたモデルでも、その通りに実行されなければ、意味がありません。

ワークスマイルラボさんのビジネスモデルを一言で表すと「自分たちが試してうま

くいった方法を伝え、それを実現したい企業に必要なものを、価格競争に巻き込まれることなく販売する」です。

言葉だけを見ると、それほど難しいものには感じられません。実際に、多くの企業が同社の真似をして、他社の人がうらやむようなきれいなオフィスを作ったりしています。

ではそれらの会社がワークスマイルラボさんと同様の成果を出しているかというと、そうはなっていません。

その違いは何か？「自分たちが良いと思ったツールやシステムを利用して働き方改革ができた、生産性が上がった、採用力が上がったといった結果を出す、他社にも勧められるようにするのは、相当なパワーがいることであり、その源泉には〝理念〟が欠かせないから」と船井総合研究所は結論付けています。

まず、良いと思ったツールでも、結果を出すのは簡単なことではありません。実際に運用してみてわかることもたくさんあり、使用開始時は良いと思っても、使ってみたところうまくいかない、自社には合わないとわかることもよくあります。

さまざまなツールやシステムを運用し、結果を出すのは誰かというと、社員です。

サービスの提供内容やお金の動きだけでなく、人がどのように関わり、成果につなげていくか？　そこまで考え、考えたことをやり切れるようにルール化するなど、必ず実行できる形が整えられている。これがビジネスモデルとともに存在する「実行の仕組み」です。

グレートカンパニーには、そのような実行の仕組みも、確固たる形で存在します。

徹底する「実行力」と経営者の「リーダーシップ」

人を動かすのに欠かせないのが「経営者のリーダーシップ」です。社員に動いてもらう、取り決めたビジネスモデルをやり切ってもらうためには、経営者の想いが欠かせません。

ワークスマイルラボさんを動かしているのは、過去の体験です。四代目社長の石井氏は、かつての倒産の危機を乗り越え、どこにでもある事務機屋を脱してこれからの時代を生き残るために行う会社変革を体現してくれた人材を、働き方の問題で失いました。そのショックから「『笑顔で働ける』を絶対に達成する！」を会社として大事にすることと決めました。

そのような経営者の強い想いがあるからこそ、人は動きます。ビジネスモデルだけでは表し切れない実行の仕組みは、経営者の想いをベースに成り立っています。

シアーズホームグループさんは「徹底の徹底の徹底」を掲げています。

大切なのはビジネスモデルだけでなく、それをやり切ることであり、そのために営業担当者が毎日ボイスメールでその日の営業結果を社長に報告することが義務付けられるなど「やり切る」「徹底する」に重きが置かれているのです。

そして、社員がそのような徹底を実現するための大きな動機となっているのが、社長の丸本氏が折に触れて社員に伝えている「仲間の給料を上げてやってくれ」という言葉です。

「30年間給与が同じなど考えられない」と、会社の平均年収を5％以上、毎年上げ続けることを経営指標にし、そのためには、会社の売り上げ・利益を上げる必要があると社員に働きかけています。

関家具さんは「関家具経営の心得13か条」の最初に「やりたいことを任す、失敗しても文句は言わぬ、責任はすべて社長が取るから思いっ切りやってください」と明記しています。

同社は次々に生まれる新規事業が成長を牽引していますが、新規事業に対する経営者としてのスタンスを明確にし、一切ブレることのない姿勢を打ち出しています。「新規事業が次々に生まれる」というのも、人の力に依る部分が大きいので、ビジネスモデルの図では表しきれない「広義のビジネスモデル」と言えます。

また、本当に一切文句を言わない、責任だけ経営者が取るというのも、なかなかできることではありません。そこにも「勇気」が必要とされます。

グレートカンパニーをグレートカンパニーたらしめているのには「社長のブレない姿勢に基づくリーダーシップがある」のです。

信念に基づいた「非合理」は企業のアイデンティティ・決定的な差別点になる

グレートカンパニーのビジネスモデルに共通しているのは、「一見したところ、非合理に見える取り組みをやり切っていること」です。

シアーズホームグループさんは、「社員の給料を年5%上げること」を指標にしています。これは一見非合理で、経営者にとっては非常にリスクがありますが、これをしっかり言い切って、そこからどうすればそれを実現できるかを考えています。

関家具さんは、新規事業というものがうまくいくかどうか見当もつかないことを、どんどん社員に行うように言っています。失敗しても一切責めない、むしろ新たなチャレンジを奨励しているのです。

リバティさんは、買収した利益の出ていない企業の従業員にも、まずリバティさんと同じ待遇を用意します。それにより赤字が増えても、その期間が長くなっても、まったく気にしません。

それよりもまず、リバティの勝ちパターンをしっかり取り入れてもらう、働く人に「リバティと一緒になって良かった」と感じてもらうことを大事にしています。

仙台消化器・内視鏡内科クリニックさんは、高額の家賃を支払って駅前一等地に大型施設を借りて開院しました。運転資金を確保するために、院長の山岡氏はしばらくの間、無給だったほどです。

ワークスマイルラボさんは、多額の費用をかけて来店体験型のオフィスを作り上げました。企業の規模を考えれば尚早とも言える時期に専任の広報担当者を雇用し、情報発信を多々行ったのです。

物語コーポレーションさんは、議論を大事にします。「そこまで話し合う必要があるか?」と思うようなテーマ、コンセプトでも、短いスパンで会議を何度も行い、徹底的に話し合い、一度決めたことも次々に変えていきます。

店舗には「焼肉ポリス」がいて、席を見回りながら肉の焼き方を指導する。食べ放題の飲食店では異例と言えるようなサービスです。

ハードロック工業さんはCMを多々打つなどの宣伝活動に力を入れています。「絶対にゆるまないねじ」は必要とする人には強く求められるものですが、価格も高く、多くの人に必要なものでは決してありません。それでも営業し、多くの人に知ってもらうことを大切にしています。

これらの行動は一見、非合理的・非効率に見えることです。そのような非合理・非効率なことを粘り強くやり切る原動力、それが各企業の「パーパス」や「ミッション」となっています。

ビジネスモデルを「やり切る」ために必要な「パーパス」「内発的動機」

『日本でいちばん大切にしたい会社』（あさ出版）などの著書がある、元法政大学大学院教授で人を大切にする経営学会会長の坂本光司氏は「経営者のブレない姿勢・あり方」が大事だと語っています。

自分たちがどうありたい、会社はどうあるべきだというのが「あり方」で、「目的」とも言い換えられます。

そのあり方を具体化するのが、「やり方」、つまり「手段」です。

あり方：自分たちの会社がどうありたい、あるべき姿、会社が存在する目的
やり方：あり方を具体化、実現するための方法・手段

常に成長を続ける会社はどこも「あり方」がしっかりしている、言い換えれば「ブレない経営」をしていて、あり方、目的を大事にしていると坂本氏は語ります。

自分たちの大きな「あり方」が定まっていないと、簡単に時代や環境の変化に流されてしまい、方針がコロコロ変わったり、その場しのぎの施策を取ったりしてしまいます。まさにブレている状態です。

「ブレない姿勢」「あり方」を、船井総合研究所は「パーパス」と定義しています。

企業の思考・行動体系は、次のように分けることができます。

「P（理念）」が「自分たちが最上位で大事にしたい信条、思想」で「M（ミッション）」が「Pを前提にした、自分たちの行動使命」です。このPとMを「パーパス」と呼んでいます。

その下に位置するのが「V（ビジョン）」で「P、Mを追求した長期（たとえば10年後など）に実現する姿」と「V（バリュー）」が「P、M、V（ビジョン）を推進する上での日々の判断・行動基準」です。

この4つまでが「上位概念」で、その下の「戦略」「仕組み」「戦術」「戦闘」は「下位概念」として具体的な方法を指します。

グレートカンパニーはすべて、この「上位概念」が非常にしっかりしています。自分たちが何者で、何を大事にし、顧客にはどんな価値を提供したいのかが明確で、はっきりしているのです。

上位概念の根幹を成すのが「内発的動機」です。
企業の思考・行動体系は「内発的動機」と「外発的動機」に整理することができます。

外発的動機から先に説明すると「戦略」「仕組み」「戦術」「戦闘」などは、ひと言で表せば「勝ち負けを軸とする外からの評価」であり、具体的には「企業の競争」「差別化」「ポジショニング」「勝ち負け」などです。

一方、内発的動機は「ＰＭＶＶ（理念、ミッション、ビジョン、バリュー）」を指します。純粋に「これがやりたい、絶対にやらないといけないのだ、やることが私たちの役割や存在そのものだ」というものです。

上位概念であるＰＭＶＶは全体戦略的な部分を占めるのに対し、合理的な判断・取り込みや市場性、差別化、競合性、可能性はどうなのかといったことの検討が下位概念になります。

上位概念は、一見非合理・非効率的に見えてもやらなければならない「他はどうであれ、私たちはこれをやるのだ！」という自社のアイデンティティです。これを

企業の思考・行動体系

P:理念	パーパス	自分たちが最上位で大事にしたい「**信条**」
M:ミッション	パーパス	Pを前提にした、自分たちの「**行動使命**」
V:ビジョン		P、Mを追求した「**長期(例:10年後)に実現する姿**」
V:バリュー		P、M、Vを推進する上での「**日々の判断・行動基準**」
戦略		PMVVをより効率的に実現する「**コンセプト、やり方**」
仕組み		戦略を浸透させるための「**パターン化された仕事の領域**」
戦術		戦略に基づく**仕組みを浸透、ブラッシュアップすること**
戦闘		1つひとつの「**今すること**」

一貫性

「PMVV」が上位概念、「戦略、仕組み、戦術、戦闘」が下位概念で、
一貫性があることが重要

「パーパス基準」と言い、それと下位概念の個々の戦略・ビジネス基準の2つで会社は動いています。

会社に個々の戦略・ビジネス基準（下位概念）**しかなければ、その基準は常に相対的なものになります。**他がやっていないことをやる、どう差別化するかのみで判断することになり、また他がやり出したらやめる、注力をゆるめるのか、という話になり、決定はすべて外部要因任せ、グレートカンパニーになるための要因には当てはまりません。

やはりパーパス基準や要因の「理念」「企業らしさ」「独特のビジネスモデル」「独特のカルチャー」「自社らしさ」は、「一見非合理に見える判断だが、これをや

り切ることで絶対的な原動力になるもの」であり、それがパーパスだと整理できます。
グレートカンパニーのミッション、パーパス基準は次のとおりです。

●シアーズホームグループさん
「本当に良い住宅・価格以上の価値を持つ住宅を創り、オーナー様に良い住宅に住む喜び、幸せ、満足、そして感動を提供します」
「私たちは、お客様の満足を通して自らの幸福を実現します」
●関家具さん
「楽しくなければ仕事じゃない、やりたいことを任す、失敗しても文句は言わぬ、責任はすべて社長が取るから思いっ切りやってください」
●リバティさん
「お客様と社員がＷｉｎ－Ｗｉｎになる」「私たちは自動車関連ビジネスを通して、お客様の究極の大満足と全社員の物心両面の幸福を追求します」
●仙台消化器・内視鏡内科クリニックさん
「胃がん、大腸がんで亡くなる人を０に」

「内発的動機」と「外発的動機」

P:理念 M:ミッション V:ビジョン V:バリュー	**内発的動機** ・純粋に、打算なく心からの思い ・それをすること自体が楽しい ・目指すことで気持ちが鼓舞される ・もしも実現できたら会社を解散してもいい
戦略 仕組み 戦術 戦闘	**外発的動機** ・競争、比較、優劣 ・勝ち負け ・勝ちたいからやる ・評価されたいからやる ・物質的に豊かになりたいからやる

低成長時代でも伸び続ける企業は、2つの動機のバランスがとても良い

●ワークスマイルラボさん

「私たちは、一人ひとりが『より幸せになれるワークスタイル』のモデル創りを追求し、一社でも多くの中小企業に『笑顔溢れる働き方』を提供し、日本経済の発展に貢献します！」

●物語コーポレーションさん

「Ｓｍｉｌｅ＆Ｓｅｘｙ」『個』の尊厳を『組織』の尊厳より上位に置く」

●ハードロック工業さん

「アイデアの開発を通じ、ゆるまないねじをもって安全・安心を提供し社会に貢献する」

パーパスの根幹を成す「内発的動機」の要素の1つに「もし目指すものが実現できたならば、会社を解散してもいい」という想いがあります。

どの会社も、掲げているパーパス基準が１００％達成されている世の中ができあがったならば、自社の果たすべき役割は終えた、解散してもいいという確固たる想いを持っていることでしょう。

自社のパーパスの考え方、設定の仕方

まずPMVVの考え方、それらがどのように異なるのかについて説明いたします。

P、M、V、Vの順で上位概念となっており、まず「自分たちが大事にすること（理念、パーパス）」があり、「だから、私たちはこれをする（ミッション）」へと移り、「5年後、10年後にはこうなっていることを目指す（ビジョン）」、そして、「だから、私たちはこれを日々の判断軸、行動軸にする（バリュー）」へとつながっていきます。

また、いくら経営者がPMVVを掲げたところで、社員がついてきてくれなければ、実現はできません。

大切なのは、PMVVを「共に歩む（Way）ビジョン」として掲げることです。

ビジョンには「掲げる（誇示する）ビジョン」と「共に歩む（way）ビジョン」があります。

「掲げる（誇示する）ビジョン」は定量情報が中心です。「10年後にこうなっている」「売り上げ100億円、営業利益10億円を目指す」「業界ナンバーワンになる」などです。

これらは「目標」としては立派ですが、あくまでもその域を出るものではありません。

「共に歩む（Way）ビジョン」には「私たちは、何のために、どんな価値観で、どの道を本気で目指す」という定性情報があります。それは「感情の入った目的」です。

そして、その目的を達成する結果として「売り上げ100億円に達している」という定量情報があります。

定性情報がメインであり、定量情報はあくまでもサブの位置づけです。

グレートカンパニーのPMVVには、必ず感情の入った目的があります。「自分たちの力で世の中を良くしよう、世の中を変えよう！」という強い目的があり、それを経営者が何度も社員に伝えているのです。

グレートカンパニーの5つの要件を、改めて確認します。

1. 持続的成長企業であること
2. 熱狂的ファンを持つ、ロイヤルティの高い企業であること
3. 社員と、その家族が誇れる、社員満足の高い企業であること
4. 自社らしさを大切にしていると思われる、個性的な企業であること
5. 地域や社会からなくてはならないと思われている、社会的貢献企業であること

PMVVの考え方

P:理念(パーパス)
企業が大事にする理念

私たちは○○○(**思想、信条**)を大事にする

M:ミッション
Pに基づく行動、役割

だから○○○(**行動**)をする

V:ビジョン
5年後、10年後の企業の姿

PとMを追求した先、5〜10年後の**目指す姿**

V:バリュー
日々の判断、行動基準

だから○○○を日々の**判断軸、行動軸**にする

この5つの要件の根幹を成すのが、感情の入った目的で構成されているPMVVです。

「この目的を達成するために、共に歩んでいこう」という経営者の働きかけに対し、共鳴する社員が持続的成長を実現する一員となり、ロイヤルティの高い熱狂的ファンを生み、社員とその家族が誇れる存在になるのです。

それほどの会社であれば、他とは一線を画した個性的な企業であることは言うまでもなく、同様に地域や社会からもなくてはならない、公的な存在になります。

「サステナグロースカンパニーをもっと。」の実現に向けて

2023年、船井総研グループは新たなPMVVを制定しました。船井総研グループ全体が目指すものです。

グループパーパス

「サステナグロースカンパニーをもっと。」

Sustainable Growth for More Companies

どんな時代にも成長し続ける企業を増やし、あらゆる人が幸せにその可能性を開花させ、社会の生産性をも上げられる

そんな未来を私たちがリードしよう

PMVVを「一緒に歩む（Way）ビジョン」として掲げる

単なる目標

＜定量情報中心＞

売上100億円

業界NO.1

社員数300名

平均給与〇〇万円

感情の入った目的

＜定性情報～メイン＞

何のために、どんな価値観で
どの道を目指すのか

＜定量情報～サブ＞

「その結果として」
100億円を目指す

変化が激しい不確実性の時代においても、力強く持続的に成長し続けられる会社を、グレートカンパニーをより時代に合わせて再定義した「サステナグロースカンパニー」とし、そのような企業を数多く輩出すること、また当社グループ自身もそのような会社になるという思いを込めています。「サステナグロースカンパニー」とは、どんな状況でも業績を伸ばし、企業価値を持続的に向上できる「強さ」と、より広いステークホルダー・一人ひとりを思いやれる「優しさ」を兼ね備えた会社のこと。「もっと」には、一企業だけでなく地域・業界・社会そして国家にまで、より良い影響を与えていく存在を目指したいという思いを込めています。

グループパーパスという大きな志と共に、グループコアバリューとしてFunai Wayを、創業者船井幸雄の精神としてFounder's Spiritを策定しています。

287ページの「グループ理念体系」のイラストは、太陽と豊かな森をモチーフとしています。グループパーパスという太陽に向かって、事業会社が高く・大きく成長していく様子を表しています。Funai Wayはグループ共通の根であり、Founder's Spiritはグループの成長を支える水源です。

グループビジョンとして、以下を掲げました。

グループビジョン

中堅・中小企業を中心とした「デジタル」×「総合」経営コンサルティンググループへの進化を目指す

船井総研グループのパーパス

グループパーパス

サステナグロースカンパニーをもっと。

Sustainable Growth for More Companies

どんな時代にも成長し続ける企業を増やし、
あらゆる人が幸せにその可能性を開花させ、
社会の生産性をも上げられる
そんな未来を私たちがリードしよう

グループコアバリュー(Funai Way)

<Adventureship>	<Empathy>	<Integrity>
変化を原動力に	**経営者に伴走しよう**	**良心に従おう**
以变促势	与“领袖”同心同行	遵循良心

船井総研ホールディングスのホームページより

このグループビジョンの下に、船井総合研究所、船井総研デジタル、プロシードなど、グループ各社のビジョンが位置します。

ビジネスモデルの革新、企業の進化に終わりはない

船井総合研究所がグレートカンパニーと認定している企業のビジネスモデルや、ビジネスモデルにとどまらない取り組みを元に、優秀企業化をどのように進めれば良いのかまでを説明いたしました。

ますます進む人口減少、諸物価の高騰、地政学リスクなど、経営環境は悪化の一途を辿っています。

その中でも、グレートカンパニーは力強

い成長を続けています。

本書でご紹介したそれらの企業のビジネスモデルも、決して完成ではありません。市場環境の変化など時流に適応しながら、日々革新・進化を続けているのです。

本書を参考に、読者の皆様が自社の優秀企業化を進めていただければと思います。日本が元気になるためには、東京を中心とした首都圏・都心部だけでなく、地方や日本全体が元気になることが欠かせません。

コロナ禍で地方への人の流れが起こるなど、都市部と地方の関係も変化しています。コロナ禍は大きな爪痕を残しましたが、コロナ禍をチャンスに成長を続けたグレートカンパニーのように、地方の企業にもこの機会を活かして、日本全国に元気な会社が増えることを願っています。

船井総研グループの「グループ理念体系」のイラスト

石原春潮（いしはら・はるしお） Chapter 04 仙台消化器・内視鏡内科クリニック

株式会社船井総合研究所　内科・整形外科グループ　マネージャー
船井総合研究所入社後、内視鏡業界のクリニックコンサルに従事する。内視鏡業界のコンサルティング事業立ち上げの第一人者であり、業界トップ層との交流人脈も幅広く、国内トップクラスの成功事例を多く保有する。
内視鏡検査のマーケティングにおいては通算100医院を超えるマーケティング経験から独自の成功理論を構築し「医師1名で月間内視鏡検査300件モデル」（業界平均月間50件）に再現性を持たせ、全国の内視鏡クリニックの経営成長に貢献している。自分自身が現場体験することを重視しており、自身の内視鏡検査体験は20回を超える。その経験から得られた「現場感」「患者思考」のコンサルティングスタイルは社内外で高く評価されている。

細井錦平（ほそい・きんぺい） 担当：Chapter 05 ワークスマイルラボ

株式会社　船井総合研究所　ものづくり支援部　シニアコンサルタント
船井総合研究所に新卒入社。幅広い業種でのコンサルティングを経験後、ＯＡ機器商社、オフィス家具商社を専門にコンサルティングを行っている。さまざまな事業規模、顧客基盤、エリアの販売店の業績アップを支援してきた経験がある。コンサルティング領域は多岐にわたり、デジタルツールを活用した生産性向上やデジタルマーケティングによる新規顧客開拓、営業部門の活性化支援、マーケティング部門立ち上げ、商品・サービス開発などの幅広い実績がある。

二杉明宏（にすぎ・あきひろ） 担当：Chapter 06 物語コーポレーション

船井（上海）商務信息咨询有限公司　董事　副総経理　飲食業専門コンサルタント
同志社大学大学院法学研究科修了後、2000年に船井総合研究所入社。
入社以来外食・フード業界に特化してコンサルティング活動に従事。現在は中国上海に駐在し、日本、中国、アジアの外食企業の業績アップコンサルティング活動に従事している。

片山和也（かたやま・かずや） 担当：Chapter 07 ハードロック工業

株式会社船井総合研究所　DX開発推進室　マネージング・ディレクター
マーケティングオートメーションおよびセールステック導入の専門家。上場企業から中堅・中小企業まで幅広く導入支援の実績を持つ。 また、日経クロステックでの連載を手掛けるなど、テクノロジー面とマーケティング面の両面に精通していることが大きな強み。 著書は『必ず売れる！ 生産財営業の法則100』（同文舘出版）、『はじめて部下を持ったら読む！ 営業マネジャーの教科書』（ダイヤモンド社）他、10冊を超える。経済産業省登録　中小企業診断士。

編集：吉田 伸（株式会社船井総合研究所　事業開発室　チーフエキスパート）

執筆者紹介

岡　聡（おか・さとし）　担当：プロローグ、本書のまとめ

株式会社船井総研ホールディングス　シニアパートナー・エバンジェリスト
1994年船井総合研究所入社。専門は流通サービス全般のマーケティング。食品スーパー、食品メーカー、食品卸売業、飲食業など食品業界が専門分野。経営戦略立案、新ブランド開発、新業態店開発、フォーマット＆出店戦略策定、販路開発等の成長支援、企業再生などの経験も豊富。株式会社キムラタン（東証一部8107）元取締役。

杉浦昇（すぎうら・のぼる）　担当：Chapter 01　シアーズホームグループHD

株式会社船井総合研究所　執行役員　第四経営支援本部　本部長
1993年船井総合研究所入社。入社後、小売業部門に属していたが、1996年より、住宅・不動産部門に配属になり、リフォーム、新築、不動産の業績アップのコンサルティングに携わっている。そして、住宅・不動産業界に影響を与える数々のビジネスモデルをつくり、部門を牽引して、2014年に部門を統括する部長に昇格する。更に部門を弊社の最大の主力部門に成長させて、2017年に本部長、執行役員に就任する。

南原繁（なんばら・しげる）　担当：Chapter 02　関家具、本書のまとめ

株式会社船井総合研究所　アカウントパートナー室　ディレクター
1993年関西大学経済学部卒業後、船井総合研究所入社。入社後、流通小売業、飲食サービス業、製菓製パン業、地域遊休地開発、観光事業、企業CRE戦略、自動車販売業の幅広いフィールドを通じて、船井流マーケティングの基本ベースを習得する。2000年より住宅リフォーム業を本格的に従事、2002年チームリーダー、2005年グループマネージャー、2010年上席コンサルタント認定、2014年住宅不動産部副部長、2017年リフォーム支援部部長。

服部憲（はっとり・けん）　担当：Chapter 03　リバティ

株式会社船井総合研究所　モビリティ支援部　マネージング・ディレクター
船井総合研究所入社後、モビリティ支援部において、自動車メーカー・自動車正規ディーラーをはじめ、中古車販売業、自動車整備業の業績アップのお手伝いをしている。既存事業の業績向上を始め、事業戦略・新規ビジネスの支援、評価制度・組織活性化の支援まで実施している。衰退業界において「即時業績アップ」を信条に、販売・整備・鈑金・組織活性化・財務・M&A等幅広い分野での具体的な提案に各経営者から好評を得ている。

著者紹介

株式会社船井総合研究所（かぶしきがいしゃふないそうごうけんきゅうしょ）

中堅・中小企業を対象に専門コンサルタントを擁する日本最大級の経営コンサルティング会社。業種・テーマ別に「月次支援」「経営研究会」を両輪で実施する独自の支援スタイルを取り、「成長実行支援」「人材開発支援」「企業価値向上支援」「DX（デジタルトランスフォーメーション）支援」を通じて、社会的価値の高いサステナグロースカンパニーを多く創造することをミッションとする。現場に密着し、経営者に寄り添った実践的コンサルティング活動はさまざまな業種・業界経営者から高い評価を得ている。

編集協力　上阪徹

グレートカンパニーに学ぶ
このビジネスモデルがすごい！2　〈検印省略〉

2023年 9 月 18 日　第 1 刷発行

著　者――株式会社船井総合研究所（かぶしきがいしゃふないそうごうけんきゅうしょ）
発行者――田賀井 弘毅

発行所――株式会社あさ出版
〒171-0022 東京都豊島区南池袋 2-9-9 第一池袋ホワイトビル 6F
電　話　03（3983）3225（販売）
　　　　03（3983）3227（編集）
F A X　03（3983）3226
U R L　http://www.asa21.com/
E-mail　info@asa21.com
印刷・製本　神谷印刷（株）

note　http://note.com/asapublishing/
facebook　http://www.facebook.com/asapublishing
twitter　http://twitter.com/asapublishing

ISBN978-4-86667-631-9 C2034

✦あさ出版好評既刊✦

このビジネスモデルが すごい！

船井総合研究所 著

四六判　定価1,760円　⑩

船井総合研究所が毎年開催している「グレートカンパニーアワード」の歴代受賞企業の中から8社をセレクトし、各企業のビジネスモデルの優秀性を解説。